# BESTACTIVITYBOOKS.COM

## Copyright © 2022 LINGUAS CLASSICS

Tous droits réservés. Aucune partie de ce livre ne peut être reproduite ou utilisée de quelque manière que ce soit sans l'autorisation écrite du détenteur des droits d'auteur, sauf pour l'utilisation de citations dans une critique de livre.

PREMIERE ÉDITION

Dépôt légal, 2022

Illustration Graphique Extra:  www.freepik.com
Merci à Alekksall, Starline, Pch.vector, Rawpixel.com,
Vectorpocket, Dgim-studio, Upklyak, Macrovector,
Stockgiu, Pikisuperstar & Freepik.com Designers

Découvrez des Jeux Gratuits en Ligne

Disponible Ici :

**BestActivityBooks.com/FREEGAMES**

# 5 ASTUCES POUR DÉMARRER !

## 1) COMMENT RÉSOUDRE LES MOTS MÊLÉS

Les puzzles sont dans un format classique :

- Les mots sont cachés sans espaces, tirets, ...
- Orientation : Les mots peuvent être écrits en avant, en arrière, vers le haut, vers le bas ou en diagonale (ils peuvent être inversés).
- Les mots peuvent se chevaucher ou se croiser.

## 2) UN APPRENTISSAGE ACTIF

Un espace est prévu à côté de chaque mots pour noter la traduction. Pour favoriser un apprentissage actif un **DICTIONNAIRE** à la fin de cette édition vous permettra de vérifier et étendre vos connaissances. Cherchez et notez les traductions, trouvez-les dans le Puzzle et ajoutez-les à votre vocabulaire !

## 3) MARQUEZ LES MOTS

Vous pouvez inventer votre propre système de marquage. Peut-être en utilisez-vous déjà un ? Sinon, vous pourriez, par exemple, marquer les mots qui ont été difficiles à trouver d'une croix, ceux que vous avez aimés d'une étoile, les mots nouveaux d'un triangle, les mots rares d'un diamant, etc...

## 4) STRUCTUREZ VOTRE APPRENTISSAGE

Cette édition vous offre un **CARNET DE NOTES** très pratique à la fin du livre. En vacances ou en voyage ou à la maison, vous pouvez facilement organiser vos nouvelles connaissances sans avoir besoin d'un second bloc-notes !

## 5) VOUS AVEZ FINI TOUTES LES GRILLES ?

Allez à la section bonus **CHALLENGE FINAL** pour trouver un jeu gratuit à la fin de cette édition !

**Simple et Rapide !** Découvrez notre collection de livres d'activités pour votre prochain moment de détente et **d'apprentissage**, à juste un clic de distance !

Trouvez votre prochain défi sur :

BestActivityBooks.com/MonProchainLivre

# À vos marques, prêts... Partez !

Saviez-vous qu'il existe environ 7 000 langues différentes dans le monde ? Les mots sont précieux.

Nous aimons les langues et avons travaillé dur pour créer les livres de la plus haute qualité pour vous. Nos ingrédients ?

Une sélection des thématiques d'apprentissage adaptée, trois belles parts de divertissement, puis nous ajoutons une cuillère de mots difficiles et une pincée de mots rares. Nous les servons avec soin et un maximum de plaisir pour vous permettre de résoudre les meilleurs jeux de mots mêlés qui soient et d'apprendre en vous amusant !

-------

Votre avis est essentiel. Vous pouvez participer activement au succès de ce livre en nous laissant un commentaire. Nous aimerions vraiment savoir ce que vous avez préféré dans cette édition !

Voici un lien rapide qui vous mènera à la page d'évaluation de vos commandes :

BestBooksActivity.com/Avis50

Merci pour votre aide et amusez-vous bien !

*De la part de toute l'équipe*

# 1 - Adjectifs #2

```
Z U E J J H M V Z D R A V Ý D P
H R D Ý V O N Ý N A L S Z P R I
Y A O N Z X S R I P D C N O A I
E G Ý L A P S O U Z M B G P M I
W T A I J O R B L N V G B I A I
F P D S B J J N E L G Ý C S T U
S G C I S Y Y Í O K T K R N I B
S U Y Ý V I Ř O V T V C L Ý C W
C N C C X O D T F X E I M N K X
E Ý X H F K K I Č A Y T V V Ý M
L N O D Ý G I Ý P I T N S A W H
Z A J Í M A V Ý P I S E I L J P
O D P O V Ě D N Ý J W T F S U Z
W A Y E P B T T E O S U Ý S W W
E N S V B H J R A S X A Y X U K
E L E G A N T N Í N D O R Í Ř P
```

| | |
|---|---|
| AUTENTICKÝ | PŘÍRODNÍ |
| SLAVNÝ | NOVÝ |
| TVOŘIVÝ | VÝROBNÍ |
| POPISNÝ | ČISTÝ |
| NADANÝ | ODPOVĚDNÝ |
| DRAMATICKÝ | ZDRAVÝ |
| ELEGANTNÍ | SLANÝ |
| HRDÝ | DIVOKÝ |
| SILNÝ | SUCHÝ |
| ZAJÍMAVÝ | OSPALÝ |

# 2 - Formes

```
G  B  P  B  E  K  A  A  G  N  K  H  M  J  P  E
J  N  N  L  L  J  T  U  P  A  Ř  B  N  O  R  J
S  A  O  B  L  O  U  K  K  H  I  D  H  M  B  L
B  K  L  G  C  O  T  U  J  M  V  N  K  D  H  C
K  R  U  H  Y  I  Y  S  K  A  K  P  P  W  J  Z
Ř  B  E  O  N  L  Á  V  O  D  A  N  A  R  T  S
Á  N  Y  R  B  E  O  H  K  I  H  W  E  K  F  N
D  F  S  P  Y  Ž  S  P  R  M  V  E  J  O  I  Á
E  W  O  K  J  U  S  F  T  A  M  Y  X  U  H  M
K  V  O  L  U  K  O  F  P  R  N  X  D  L  R  Ě
E  E  Á  E  L  I  P  S  A  Y  V  O  Z  E  A  S
T  L  U  L  H  Z  M  G  Y  P  T  K  L  V  N  T
Z  Z  M  I  E  H  Y  P  E  R  B  O  L  A  Y  Í
Y  F  H  L  U  C  K  A  O  B  D  É  L  N  Í  K
K  R  Y  C  H  L  E  F  N  T  T  N  P  C  S  A
T  R  O  J  Ú  H  E  L  N  Í  K  Y  X  M  M  C
```

| | |
|---|---|
| OBLOUK | ELIPSA |
| HRANY | HYPERBOLA |
| NÁMĚSTÍ | ŘÁDEK |
| KRUH | OVÁL |
| ROH | POLYGON |
| KŘIVKA | HRANOL |
| KUŽEL | PYRAMIDA |
| STRANA | OBDÉLNÍK |
| KRYCHLE | KOULE |
| VÁLEC | TROJÚHELNÍK |

# 3 - Force et Gravité

```
W V T Y V X A J Y X N D O S H E
D L K R Y O B J E V T Y B N J H
U A K I Z Y F D V V B N Í M J K
N S P T S Z P M I O W A H E B A
I T S O N E L Á D Z V M A C W Z
V N C J D S E V N C W I T H M U
E O N E Z N A P X E E C C A A Z
R S Y N N H K N R J F K W N G N
Z T T F F T N F B I O Ý P I N E
Á I E Ř R S R R B Y N S K E P
L Y N U E O H U O S A B A A T O
N H A F F N W X M T L A K Y I H
Í K L W Y T Í J T W O X C J S Y
M D P T S O L H C Y R R H S M B
V U I K X M T Z F J A M N O U E
A L Č A S H F H C M O B Y P S H
```

| | |
|---|---|
| OSA | POHYB |
| CENTRUM | OBÍHAT |
| OBJEV | FYZIKA |
| VZDÁLENOST | PLANETY |
| DYNAMICKÝ | HMOTNOST |
| EXPANZE | TLAK |
| TŘENÍ | VLASTNOSTI |
| DOPAD | ČAS |
| MAGNETISMUS | UNIVERZÁLNÍ |
| MECHANIKA | RYCHLOST |

# 4 - Adjectifs #1

```
A R O M A T I C K Ý N M Í Ř P U
Z S K R O Z E O U Y D V T P S E
C M S C H I A I W C X N Y N S K
J E R I Y N J Y T O T O Ž N Ý A
A Ý U H A J M Š T Ě D R Ý X L T
E K N M D Ů L E Ž I T Ý F I A R
N N T K Ě L Í N Z Ó I C I B M A
A E P I L L M L A D Ý U T T O K
B T V Y V R E F S J D J Ě D P T
S K R I T N H C O F G O Ž H V I
O R S G N F Í B K P U V K U I V
L Á A E C N G I Y Ý A T Ý G Z N
U S H F A J Ý O B R O V S K Ý Í
T N E X O T I C K Ý G P R I P G
N Á P E R F E K T N Í S A J N O
Í N R E D O M G B F S M H D Z H
```

| | |
|---|---|
| ABSOLUTNÍ | UPŘÍMNÝ |
| AKTIVNÍ | TOTOŽNÝ |
| AMBICIÓZNÍ | DŮLEŽITÝ |
| AROMATICKÝ | NEVINNÝ |
| UMĚLECKÝ | MLADÝ |
| ATRAKTIVNÍ | POMALÝ |
| KRÁSNÁ | TĚŽKÝ |
| EXOTICKÝ | TENKÝ |
| OBROVSKÝ | MODERNÍ |
| ŠTĚDRÝ | PERFEKTNÍ |

# 5 - Instruments de Musique

```
F O J Y W F S H T C S D J P E L
M A J U M L A M A P A X W O U G
R F G J Y É C A M K X T Z K N W
R R N O B T N R B J O S B L I G
C A O K T N W I U J F S N E E T
F H G O L A G M R T O R G P M R
M Z G W O A F B Í W N E B U B U
A A R N Y J R A N K Y T A R A B
N K N G U F G I A K L A V Í R K
W I O D H G S R N W X R A Y Z A
E N E J O B O H A E M L Z D D P
R O S C Ž L H I R L T I R A K O
C M S A D S Í G D S U W U P G Z
K R X G N N O N E U I Y C G I O
K A I S E C U W A O D A M Y X U
O H L I B H D O M H S L X R F N
```

BENDŽO
FAGOT
KLARINET
FLÉTNA
GONG
KYTARA
HARMONIKA
HARFA
HOBOJ
MANDOLÍNA

MARIMBA
POKLEP
KLAVÍR
SAXOFON
BUBEN
TAMBURÍNA
POZOUN
TRUBKA
HOUSLE

# 6 - Herboristerie

```
M  A  J  O  R  Á  N  K  A  R  K  E  A  S  Y  R
T  Y  M  I  Á  N  F  M  K  E  D  L  D  Y  U  O
I  P  E  T  R  Ž  E  L  B  L  K  U  O  L  R  Z
U  D  F  Z  N  N  Á  R  F  A  Š  D  A  C  F  M
W  Z  J  K  O  Z  U  N  Z  F  Z  N  K  V  N  A
J  F  M  H  G  M  G  X  O  É  R  A  T  Á  M  R
P  Ř  Í  S  A  D  A  M  B  K  S  V  L  E  U  Ý
K  Ý  F  J  R  D  Č  C  O  S  A  E  P  K  F  N
Z  V  F  Y  T  E  I  E  K  Ř  W  L  Ř  V  A  K
M  I  A  S  S  G  X  Z  S  Á  C  C  Í  K  D  Z
K  N  B  L  E  J  K  V  L  N  D  T  C  V  A  E
O  Z  J  F  I  G  Y  X  N  I  E  Z  H  Ě  R  L
V  Í  S  I  W  T  H  R  T  L  J  K  U  T  H  E
X  Ř  V  O  A  I  A  Y  M  U  T  N  Ť  I  A  N
M  P  F  E  N  Y  K  L  H  K  F  C  X  N  Z  Á
A  R  O  M  A  T  I  C  K  Ý  D  E  V  A  L  F
```

| | |
|---|---|
| ČESNEK | LEVANDULE |
| AROMATICKÝ | MAJORÁNKA |
| BAZALKA | MÁTA |
| PŘÍZNIVÝ | PETRŽEL |
| KULINÁŘSKÉ | KVALITA |
| ESTRAGON | ROZMARÝN |
| FENYKL | ŠAFRÁN |
| KVĚTINA | PŘÍCHUŤ |
| PŘÍSADA | TYMIÁN |
| ZAHRADA | ZELENÁ |

# 7 - Photographie

```
M T A O B D B U P Y D E L H O P
O B J E K T N E O S T Í N Y S K
J R Á M L P Z W R Č K N V V V D
K O N T R A S T T E F E C P Ě I
F X V E K Z J U R R O Ž X H T Z
L V Y Y N L I L É N R O T F L M
C P S C H D T D T Á M L S Z E U
F O T O A P A R Á T Á S D T N F
R Z C R D G C R I I T J E E Í U
B A R V A V A T S Ý V L F X N S
J H Y K Z M Ě K Č I T E I T E B
A V I T K E P S R E P N N U G U
L A T Ě M D E Ř P K Z E I R V A
D P I F J A T R B C S I C A R L
V I Z U Á L N Í H A M M E M K F
B C H U P Z H M J L D X X J K E
```

| | |
|---|---|
| ZMĚKČIT | ČERNÁ |
| RÁM | OBJEKT |
| FOTOAPARÁT | TMA |
| SLOŽENÍ | STÍNY |
| KONTRAST | PERSPEKTIVA |
| BARVA | PORTRÉT |
| DEFINICE | PŘEDMĚT |
| VÝSTAVA | TEXTURA |
| OSVĚTLENÍ | VIZUÁLNÍ |
| FORMÁT | POHLED |

# 8 - Véhicules

```
P  S  K  N  C  I  N  D  Y  T  A  M  T  F  M  B
W  Y  A  V  L  A  K  K  M  Z  K  E  B  N  M  E
N  F  J  T  J  Z  C  J  G  D  Ž  T  G  M  N  M
J  Í  Z  D  N  Í  K  O  L  O  Ě  R  O  V  A  K
H  R  A  K  E  T  A  E  S  U  B  O  T  U  A  W
L  O  Ď  T  X  D  C  F  R  Y  O  O  E  Z  G  I
P  X  V  G  A  B  O  I  M  F  L  F  Y  K  M  A
L  N  U  D  E  D  K  E  X  K  O  K  N  Í  N  V
M  H  E  N  F  Z  M  O  O  A  K  R  O  N  O  P
A  I  W  U  R  O  T  K  A  R  T  Y  L  L  X  K
C  U  M  R  M  Z  R  O  T  A  K  C  D  U  Z  Z
A  I  T  H  N  A  B  I  L  V  E  J  A  T  U  C
A  Y  O  O  E  R  T  C  H  A  J  C  T  R  M  I
S  A  N  I  T  K  A  I  A  N  A  F  E  V  J  Z
N  Á  K  L  A  Ď  Á  K  K  A  R  Z  L  L  B  L
M  O  T  O  R  H  K  M  B  Y  T  Y  X  N  U  K
```

SANITKA          MOTOR
LETADLO          PNEUMATIKY
LOĎ              VOR
AUTOBUS          KOLOBĚŽKA
NÁKLAĎÁK         PONORKA
KARAVANA         TAXI
TRAJEKT          TRAKTOR
RAKETA           VLAK
VRTULNÍK         JÍZDNÍ KOLO
METRO            AUTO

# 9 - Camping

```
Y D V O L L H K R Z E B Y D S V
S A G H D F U I Y A V G A O O A
Y B S E L M O C L A N O F B H V
V X S Ň M A P A E I E U B R A T
M N L N P O E J V R F F M O Y S
H O U P A C Í S Í T N Z Y D R H
L U R G D A X M W L A A Y R Z C
T L Y H X D F S C X T D K U M K
R K U O B O L K J R S V Á Ž M O
A D X R Y R L D Y E J I N S Ě M
I A T A Ř Í V Z H E Z H O T S P
Í N E Z Í Ř A Z R M H E E V Í A
C I I P J P H I B U Y R R Í C S
H B H C M A S F M N W Z Z O D E
O A N A J T D X N N P L U W J R
R K U P C E O M X X L C O E G J
```

| | |
|---|---|
| ZVÍŘATA | OHEŇ |
| DOBRODRUŽSTVÍ | LES |
| KOMPAS | HOUPACÍ SÍT |
| KABINA | HMYZ |
| KÁNOE | JEZERO |
| MAPA | LUCERNA |
| KLOBOUK | MĚSÍC |
| LOV | HORA |
| LANO | PŘÍRODA |
| ZAŘÍZENÍ | STAN |

# 10 - Écologie

```
I  V  Z  D  J  H  Y  O  K  C  G  K  G  B  X  D
P  E  A  D  Ů  R  D  O  O  K  F  L  Á  Č  O  M
X  M  Z  K  R  P  J  O  M  S  O  I  K  K  S  K
Í  N  L  Á  B  O  L  G  U  U  F  M  R  Y  X  J
T  R  P  D  U  M  J  G  N  C  B  A  R  Ó  L  F
I  O  Ř  R  C  D  T  E  I  H  F  D  Z  C  K  R
Ž  Z  Í  U  X  L  R  X  T  O  A  O  H  E  A  P
E  M  R  H  U  P  B  Ž  Y  W  U  R  O  O  V  G
Ř  A  O  N  R  L  Y  L  I  F  N  Í  R  L  W  R
P  N  D  M  K  A  X  A  O  T  A  Ř  Y  R  N  G
Y  I  N  V  O  W  F  G  J  R  E  P  G  K  I  M
B  T  Í  J  Y  Ř  Y  B  Y  N  I  L  T  S  O  R
R  O  S  E  A  L  S  V  B  C  S  C  N  S  F  M
W  S  X  N  F  U  N  K  V  V  X  C  Y  Ý  K  D
S  T  D  M  O  B  L  R  Ý  P  B  G  E  O  O  R
D  O  B  R  O  V  O  L  N  Í  C  I  C  R  R  P
```

DOBROVOLNÍCI
KLIMA
KOMUNITY
ROZMANITOST
UDRŽITELNÝ
DRUH
FAUNA
FLÓRA
GLOBÁLNÍ
MOČÁL

MOŘSKÝ
HORY
PŘÍRODA
PŘÍRODNÍ
ROSTLINY
ZDROJE
SUCHO
PŘEŽITÍ
ODRŮDA

# 11 - Géométrie

```
G  J  J  M  U  R  D  Z  R  R  K  T  H  B  H  H
H  L  Y  I  V  E  F  S  P  O  Ř  R  Y  T  Z  B
V  Ý  Š  K  A  C  A  S  F  V  I  O  T  Y  E  T
C  W  M  E  D  I  Á  N  R  N  V  J  F  B  Z  K
G  Y  X  G  Z  N  V  M  T  O  K  Ú  A  B  T  S
A  L  W  W  P  V  V  M  E  B  A  H  K  Z  I  B
H  M  O  T  N  O  S  T  O  Ě  U  E  I  R  W  G
B  J  R  L  T  R  Z  M  R  Ž  B  L  G  Ě  U  X
S  V  S  T  A  G  N  Z  I  N  N  O  M  L  H
N  E  Ý  N  O  R  T  T  E  Ý  E  Í  L  Ů  I  C
M  J  G  P  I  V  L  T  M  F  Č  K  D  R  O  R
A  M  Z  M  O  I  X  G  G  K  Í  A  F  P  W  V
R  U  C  O  E  Č  B  E  N  B  S  R  L  D  E  O
O  G  G  E  Z  N  E  M  I  D  L  E  H  Ú  T  P
R  S  N  J  T  I  T  T  K  Z  O  P  O  M  Ě  R
S  Y  M  E  T  R  I  E  T  J  E  S  L  Y  A  K
```

| | |
|---|---|
| ÚHEL | MEDIÁN |
| VÝPOČET | ČÍSLO |
| KRUH | ROVNOBĚŽNÝ |
| KŘIVKA | POMĚR |
| PRŮMĚR | SEGMENT |
| DIMENZE | POVRCH |
| ROVNICE | SYMETRIE |
| VÝŠKA | TEORIE |
| LOGIKA | TROJÚHELNÍK |
| HMOTNOST | |

# 12 - Les Médias

```
W  E  I  X  H  L  C  F  S  F  A  B  K  U  E  M
W  Ý  N  J  E  Ř  E  V  A  Í  V  V  O  T  Z  S
A  T  T  U  P  M  P  W  Z  K  Ť  M  M  T  K  D
B  L  E  C  I  D  E  S  C  E  T  S  E  E  L  O
U  X  L  E  P  R  Ů  M  Y  S  L  A  R  L  C  U
D  N  E  N  I  L  N  O  O  F  Y  H  Č  E  R  L
M  X  K  I  O  G  K  V  F  Z  W  B  N  V  Z  P
U  P  T  D  J  M  A  R  O  Z  Á  N  Í  I  M  O
U  Z  U  E  D  D  Z  U  T  N  F  L  L  Z  R  S
P  K  Á  J  F  F  R  N  K  K  O  G  C  E  Á  T
L  Z  L  V  B  S  K  U  Y  C  Z  V  K  I  D  O
E  Í  N  L  Á  T  I  G  I  D  X  S  I  N  I  J
T  I  Í  N  Á  V  Á  L  Ě  D  Z  V  G  N  O  E
F  H  M  Í  S  T  N  Í  J  L  A  J  N  D  Y  T
U  K  K  O  M  U  N  I  K  A  C  E  E  P  Z  S
F  I  N  A  N  C  O  V  Á  N  Í  P  U  P  K  I
```

| | |
|---|---|
| POSTOJE | INTELEKTUÁLNÍ |
| KOMERČNÍ | NOVINY |
| KOMUNIKACE | MÍSTNÍ |
| ONLINE | DIGITÁLNÍ |
| EDICE | NÁZOR |
| VZDĚLÁVÁNÍ | FOTKY |
| FAKTA | VEŘEJNÝ |
| FINANCOVÁNÍ | RÁDIO |
| JEDINEC | SÍŤ |
| PRŮMYSL | TELEVIZE |

# 13 - Philanthropie

```
S  N  D  W  T  F  O  H  V  X  R  K  F  J  P  M
P  K  F  I  N  A  N  C  E  Ý  H  M  O  N  O  W
S  R  U  K  R  W  P  B  S  C  Z  H  R  S  T  Y
A  K  D  P  E  T  N  É  I  D  V  V  I  P  Ř  N
U  L  F  V  I  T  Ě  D  M  D  R  X  Y  O  E  V
P  H  C  G  R  N  K  I  M  L  Á  D  Í  L  B  P
H  W  P  O  O  A  Y  L  J  P  U  W  C  E  A  G
Y  K  J  K  T  V  T  D  F  T  X  K  V  Č  A  E
M  X  C  F  S  H  K  C  N  S  O  R  C  E  M  A
A  F  A  T  I  R  A  H  C  O  Z  W  Í  N  D  T
R  T  T  R  H  V  T  P  T  V  F  W  L  S  C  O
G  L  O  B  Á  L  N  Í  P  I  Z  Y  E  T  F  A
O  N  D  S  Z  A  O  T  Z  T  S  N  Z  V  S  S
R  G  C  W  H  I  K  T  T  C  W  T  J  Í  C  F
P  Š  T  Ě  D  R  O  S  T  O  V  T  S  D  I  L
V  E  Ř  E  J  N  Ý  G  X  P  E  R  V  Y  W  W
```

| | |
|---|---|
| POTŘEBA | ŠTĚDROST |
| CÍLE | GLOBÁLNÍ |
| CHARITA | SKUPINY |
| SPOLEČENSTVÍ | HISTORIE |
| KONTAKTY | POCTIVOST |
| VÝZVY | LIDSTVO |
| DĚTI | MLÁDÍ |
| FINANCE | MISE |
| FONDY | PROGRAMY |
| LIDÉ | VEŘEJNÝ |

# 14 - Diplomatie

```
E  T  I  K  A  S  P  S  L  H  A  Y  Ř  T  Z  Z
C  G  X  A  I  O  P  O  V  K  T  M  E  K  Y  A
Ý  K  C  I  T  A  M  O  L  P  I  D  Š  D  H  H
O  B  Č  A  N  S  K  Ý  L  I  F  J  E  T  L  R
K  E  R  R  H  W  L  X  K  U  T  B  N  C  V  A
K  S  L  F  É  U  R  L  J  P  P  I  Í  E  X  N
H  U  M  A  N  I  T  Á  R  N  Í  R  K  W  S  I
R  K  B  D  A  E  I  A  D  S  N  V  Á  A  C  Č
H  S  Y  Á  Č  C  C  Z  P  M  E  F  K  C  G  N
R  I  K  L  B  T  D  H  G  L  S  K  O  U  E  Í
V  D  U  V  O  O  I  T  C  O  E  F  N  Y  C  K
I  N  T  E  G  R  I  T  A  U  N  X  F  A  D  A
U  N  F  P  R  W  L  S  X  V  S  O  L  T  A  T
B  W  G  I  G  M  J  C  Y  A  U  S  I  X  R  M
S  P  R  A  V  E  D  L  N  O  S  T  K  R  O  A
S  P  O  L  E  Č  E  N  S  T  V  Í  T  S  P  I
```

| | |
|---|---|
| OBČANÉ | ZAHRANIČNÍ |
| OBČANSKÝ | VLÁDA |
| SPOLEČENSTVÍ | HUMANITÁRNÍ |
| KONFLIKT | INTEGRITA |
| PORADCE | SPRAVEDLNOST |
| SPOLUPRÁCE | POLITIKA |
| DIPLOMATICKÝ | USNESENÍ |
| DISKUSE | ŘEŠENÍ |
| ETIKA | SMLOUVA |

# 15 - Astronomie

```
V U W F V K B I Z V G Z R P S V
E L P K F J P U O K A A O L U Z
S U Z X F X S I W O L T V A P N
M A S T R O N A U T A M N N E O
Í L C E U J Z W O F X Ě O E R B
R X D C Y N E E T I N D T N S
A S T E R O I D M I E Í E A O E
N M L H O V I N A Ě I Z N W V R
K E S R O N N T A W M B N L A V
Z I B O O J Z W K M T G O W G A
R Á R E A S T R O N O M S P I T
A E Ř T O D H J C P W P T N P O
K A V E J R Z X Í N R Á L O S Ř
E O H M N P M R S O M S O K E C
T L M A G Í D Z Ě V H U O S A J
A W V K A E V D M P O R O L G W
```

ASTEROID
ASTRONAUT
ASTRONOM
NEBE
SOUHVĚZDÍ
KOSMOS
ZATMĚNÍ
ROVNODENNOST
RAKETA
GALAXIE

MĚSÍC
METEOR
MLHOVINA
OBSERVATOŘ
PLANETA
ZÁŘENÍ
SOLÁRNÍ
SUPERNOVA
ZEMĚ
VESMÍR

# 16 - Physique

```
R  M  M  R  J  Y  S  H  H  Z  Y  X  N  G  A  B
E  E  O  E  I  B  U  J  M  U  R  S  V  X  A  G
L  C  L  L  S  P  B  W  T  O  S  O  A  H  C  R
E  H  E  A  C  T  I  K  L  N  T  T  U  P  E  A
K  A  K  T  J  H  P  T  E  B  S  N  O  W  F  V
T  N  U  I  F  U  I  T  V  M  U  K  O  T  I  I
R  I  L  V  I  B  U  C  H  I  M  V  B  S  A  T
O  K  A  I  M  O  T  O  R  O  S  I  M  O  T  A
N  A  S  T  J  P  O  Ý  K  C  I  M  E  H  C  C
H  J  G  A  R  W  I  T  N  W  T  Ý  O  K  Y  E
N  G  G  W  Z  R  Y  C  H  L  E  N  Í  P  N  C
J  E  C  N  E  V  K  E  R  F  N  R  K  L  F  I
T  S  O  L  H  C  Y  R  N  D  G  E  A  Y  D  T
C  Z  S  Z  U  K  I  O  V  Y  A  D  Y  N  T  S
O  E  D  P  F  K  U  Z  H  R  M  A  L  T  D  Á
Í  N  L  Á  Z  R  E  V  I  N  U  J  O  U  O  Č
```

| | |
|---|---|
| ZRYCHLENÍ | MAGNETISMUS |
| ATOM | HMOTNOST |
| CHAOS | MECHANIKA |
| CHEMICKÝ | MOLEKULA |
| HUSTOTA | MOTOR |
| ELEKTRON | JADERNÝ |
| VZOREC | ČÁSTICE |
| FREKVENCE | RELATIVITA |
| PLYN | UNIVERZÁLNÍ |
| GRAVITACE | RYCHLOST |

# 17 - Types de Cheveux

```
S  T  Ř  Í  B  R  O  Š  E  D  Á  N  Z  R  O  K
W  L  V  T  M  Y  W  O  B  J  E  E  Z  R  X  A
S  N  H  B  K  R  Á  T  K  Ý  K  N  E  T  F  D
D  O  S  G  J  V  U  R  A  L  R  X  P  M  Z  E
Y  C  Z  K  Y  N  R  D  W  U  C  Z  L  V  D  Ř
C  G  L  N  N  D  T  C  Y  B  K  O  E  P  R  K
D  U  H  N  Ě  D  Ý  L  K  S  E  L  T  C  A  P
T  L  R  M  W  N  T  H  T  G  M  N  E  J  V  M
V  I  O  D  Y  O  I  X  C  I  H  H  N  X  Ý  X
H  T  H  U  G  L  N  Z  W  U  X  H  É  D  P  P
B  V  Z  H  H  B  L  T  S  E  S  M  Ě  K  K  Ý
R  W  E  W  Y  Ý  V  P  L  E  Š  A  T  Ý  S  T
F  R  G  A  T  B  A  R  E  V  N  Ý  E  H  R  S
B  Í  L  Ý  T  A  N  R  D  U  K  G  Y  H  A  U
Č  E  R  N  Á  U  N  M  I  F  B  H  C  W  Y  L
X  K  F  J  H  R  E  X  D  H  L  V  W  P  I  T
```

| | |
|---|---|
| STŘÍBRO | KUDRNATÝ |
| BÍLÝ | ŠEDÁ |
| BLOND | DLOUHÝ |
| KADEŘ | HNĚDÝ |
| LESKLÝ | TENKÝ |
| PLEŠATÝ | ČERNÁ |
| BAREVNÝ | VLNITÝ |
| KRÁTKÝ | ZDRAVÝ |
| MĚKKÝ | SUCHÝ |
| TLUSTÝ | PLETENÉ |

# 18 - Archéologie

```
C  B  K  Z  Y  U  J  T  A  L  B  C  S  Y  V  H
G  A  R  B  G  Ý  M  Á  N  Z  E  N  O  D  Ý  R
H  R  O  B  K  A  V  J  A  R  N  U  J  E  Z  N
A  T  F  E  C  A  Z  I  L  I  V  I  C  G  K  Č
S  I  R  T  W  F  I  V  Ý  U  M  W  F  H  U  Í
O  B  J  E  K  T  Y  É  Z  Z  N  N  K  K  M  Ř
P  O  T  O  M  E  K  R  A  I  R  M  R  O  N  S
T  S  G  O  Á  Z  I  A  D  A  H  Á  Z  S  Í  T
E  Z  F  D  R  K  Ě  V  O  R  A  T  S  T  K  V
D  Y  U  B  H  A  Y  F  K  U  K  O  I  I  U  Í
A  C  L  O  C  H  Y  O  L  I  E  X  D  Z  R  S
I  F  H  R  H  R  O  S  H  Y  L  N  D  V  E  R
T  E  S  N  X  P  F  I  B  K  M  E  M  T  F  D
U  Ý  C  Í  W  H  D  L  S  W  L  P  R  R  F  O
X  O  M  K  Z  H  Y  I  P  R  O  F  E  S  O  R
N  M  O  Ý  T  U  N  E  M  O  P  A  Z  M  E  O
```

| | |
|---|---|
| ANALÝZA | ZÁHADA |
| STAROVĚK | OBJEKTY |
| VÝZKUMNÍK | KOSTI |
| CIVILIZACE | ZAPOMENUTÝ |
| POTOMEK | HRNČÍŘSTVÍ |
| ODBORNÍK | PROFESOR |
| ÉRA | RELIKVIE |
| TÝM | CHRÁM |
| FOSILIE | HROBKA |
| NEZNÁMÝ | |

# 19 - Mammifères

```
P G N L B H F A R H T M T G P O
K O Z I H Ý E L M C Y E S Z U Z
K L V Š E W K F I C G D O B H P
O K U K Z E B R A U R V V N F M
J Ů M A B Y R L E V M Ě C D I X
O Ň X L R F L H Y C E D E F X I
T H W I Y T Z S F I P T S E A Y
M W J R N Ž I R A F A X M C L R
C U O O U Z P O K B O Z Z V E T
U U U G Y J O Y Č G K O J S V E
D E L F Í N A K O L K R P F X R
Y Z G W P O Z B K M S J Á I U F
D Y J H E L D U L J S S E L C A
U I F X S S Y Z P T G U F D Í E
F L D A C G P X A Z K D U V K K
Z D K S W N Z K G J H H U L Z A
```

| | |
|---|---|
| VELRYBA | KRÁLÍK |
| KOČKA | LEV |
| KŮŇ | VLK |
| PES | OVCE |
| KOJOT | MEDVĚD |
| DELFÍN | LIŠKA |
| SLON | OPICE |
| ŽIRAFA | BÝK |
| GORILA | TYGR |
| KLOKAN | ZEBRA |

# 20 - Chocolat

```
J N D P V H D L W K A K A O X K
Y A Z N X E P E R Z T P E C E R
V Ů N Ě A U U Ý K C I T O X E K
N E F G H V É Z U T L H W I S A
B U T A E V Y N C G A O X B L R
A D A S Í Ř P H D H V B R O A A
F N U L B O K Y S O K O K O D M
C O T T M U K O P G H N Y B K E
B H F I T Y J E K A T A V L Ý L
O R U G O K A L O R I E L Í P P
N D Y Ť M X A R A Š Í D Y B Ř R
B M E G J P I H O R K Ý V E Í Á
Ó N U Y V D F D W N C C K N C Š
N T E K U C J L A Z D S L Ý H E
V B D Y L A C J S N S C E V U K
T L N T P T B Y B N T D L L Ť L
```

HORKÝ
ANTIOXIDANT
VŮNĚ
BONBÓN
ARAŠÍDY
KAKAO
KALORIE
KARAMEL
LAHODNÉ
SLADKÝ

EXOTICKÝ
OBLÍBENÝ
CHUŤ
PŘÍSADA
KOKOS
PRÁŠEK
KVALITA
RECEPT
PŘÍCHUŤ
CUKR

# 21 - Mathématiques

```
S X W Z Y K Í N Ž Ě B O N V O R
T Y Ý N N I T E S E D B Ú I D Ě
R Y M T O W E U U X W V H N Y M
O A L E Í B O T O M L O L W N O
J A O Č T E J M C B S D Y M R L
Ú G K U S R B E P D D K L J R O
H X Ý O Ě Ě I A M O L É G I M P
E X N S M M F E Z K M D L Y Z Z
L F Ž I Á Ů W Y L W L P B N P O
N C Ě N N R V N O G Y L O P Í L
Í V B X F P U B M N K X W T M K
K U O M N S T N E N O P X E E C
G I N F N Y K X K G X H R A V O
U K V A R I T M E T I C K Ý S Z
G E O M E T R I E C I N V O R I
O X R W O B X I F O V M F I T J
```

| | |
|---|---|
| ÚHLY | ROVNOBĚŽNÝ |
| ARITMETICKÝ | ROVNOBĚŽNÍK |
| NÁMĚSTÍ | KOLMÝ |
| OBVOD | POLYGON |
| DESETINNÝ | POLOMĚR |
| PRŮMĚR | OBDÉLNÍK |
| EXPONENT | SOUČET |
| ROVNICE | SYMETRIE |
| ZLOMEK | TROJÚHELNÍK |
| GEOMETRIE | OBJEM |

# 22 - Mythologie

```
K U L T U R A L Í S L W V N G F
Í H R O M E B J E J A E Y L O W
N N S M R T E L N Ý B A T A B U
V P E E C N V M H N Y P V W K N
O C O Ř F Z C Y X M R W O J Z P
J I A M O O C A X P I H Ř F D Ř
O K U E S V A N H B N B E Z L Í
B C D S B T T E Y S T L N H E Š
X H L W U A A S U K J E Í T G E
K O T S O N L E T R M S E N E R
L V Ž Á R L I V O S T K H K N A
B Á A R C H E T Y P M Z R T D B
K N M A G I C K Ý P P U D H A Z
I Í N E Č D Ě V S E Ř P I X P C
M O K F S F G K S O F G N W A W
I X F B W R A F O R T S A T A K
```

| | |
|---|---|
| ARCHETYP | HRDINA |
| KATASTROFA | NESMRTELNOST |
| CHOVÁNÍ | ŽÁRLIVOST |
| VYTVOŘENÍ | LABYRINT |
| STVOŘENÍ | LEGENDA |
| PŘESVĚDČENÍ | MAGICKÝ |
| KULTURA | PŘÍŠERA |
| BLESK | SMRTELNÝ |
| SÍLA | HROM |
| BOJOVNÍK | POMSTA |

# 23 - Restaurant #2

```
Y  L  H  P  H  Y  B  Z  I  G  E  V  A  F  Y  I
F  Ž  G  S  M  T  B  E  W  T  A  E  H  L  P  R
K  Í  V  H  D  I  L  L  P  F  F  Č  L  B  R  S
G  C  B  M  V  H  O  E  S  R  H  E  P  D  L  Ů
T  E  I  P  A  D  V  N  S  C  W  Ř  J  E  I  L
L  A  H  O  D  N  É  I  O  I  C  E  X  L  E  Ž
L  Í  N  E  Ř  O  K  N  P  O  L  É  V  K  A  F
N  M  T  Á  L  A  S  A  M  A  M  A  R  L  O  J
S  H  R  E  P  D  K  B  T  C  O  T  L  R  T  U
T  R  O  O  O  B  B  L  A  B  Y  R  S  Z  E
S  G  D  C  V  V  J  K  R  K  Ě  V  E  J  C  E
S  J  T  G  C  O  N  O  A  F  D  U  D  K  W
J  Z  K  U  Y  I  C  V  I  D  L  I  Č  K  A  J
Z  H  R  X  A  B  Y  E  W  J  H  W  E  A  T  M
R  C  Y  N  D  R  S  J  F  U  Č  Í  Š  N  Í  K
N  U  D  L  E  R  Z  N  U  U  U  S  M  M  U  V
```

| | |
|---|---|
| NÁPOJ | DORT |
| ŽIDLE | LED |
| LŽÍCE | ZELENINA |
| OBĚD | NUDLE |
| LAHODNÉ | VEJCE |
| VEČEŘE | RYBA |
| VODA | SALÁT |
| KOŘENÍ | SŮL |
| VIDLIČKA | ČÍŠNÍK |
| OVOCE | POLÉVKA |

# 24 - Beauté

```
N S Y O P J C K E V G O F Z W F
G Ů B W A M X O L B O S O V P S
N O Ž T H T H S E E P M T W R D
P N U K B J D M G L K G O L B K
Z G L U Y V N E A E S H G C R O
E T S A X X D T N G G T E Ž Ů K
Z R C A D L O I C A V A N S W S
H L A D K Ý T K E N Z M I B H T
G P K B H Z M A R T Z I C L P L
Z E N H Z C A K T N C L K V B N
Z G Ě W V D K K A Í O O Ý V A Y
Y Z T R H L E D N D J S C Ů R H
I D R O L Z U O K E E T Y N V R
O L E J E Y P E S S Ř N Ě A N
X Š A M P O N N D R N A Y L M X
S T Y L I S T A E G T G Ř P T J
```

| | |
|---|---|
| KADEŘ | MAKEUP |
| KOUZLO | ŘASENKA |
| NŮŽKY | ZRCADLO |
| KOSMETIKA | VŮNĚ |
| BARVA | KŮŽE |
| ELEGANCE | FOTOGENICKÝ |
| ELEGANTNÍ | RTĚNKA |
| MILOST | SLUŽBY |
| OLEJE | ŠAMPON |
| HLADKÝ | STYLISTA |

# 25 - Avions

```
M G U U R G S D N J V O K N E P
D O K X Z N C M L K C W P Ó X O
Z B T R H D P B V B B P M L C S
X B O O Y T U O N K U O F A N Á
F T L W R G T G L L H R I B H D
P E I R O T S I H Z C O Y L U K
K Ř P M J T E B E N U F D I W A
O V I Í V T S Ž U R D O R B O D
N Ý I S R Z F M Y I Z U Z I R X
S Š H Y T W C T Ě S V E R E V P
T K A K P Á Y I J R K L R R K G
R A S F X C N C E S T U J Í C Í
U V W X N H K Í D O V T R L M N
K A T M O S F É R A X R F J Z Z
C H S C X Z I P A L I V O O N P
E T U R B U L E N C E S P D M D
```

| | |
|---|---|
| VZDUCH | POSÁDKA |
| ATMOSFÉRA | NAFOUKNOUT |
| PŘISTÁNÍ | VÝŠKA |
| DOBRODRUŽSTVÍ | VRTULE |
| BALÓN | HISTORIE |
| PALIVO | VODÍK |
| NEBE | MOTOR |
| KONSTRUKCE | CESTUJÍCÍ |
| SESTUP | PILOT |
| SMĚR | TURBULENCE |

# 26 - Aventure

```
U  X  T  D  Y  D  A  M  J  D  K  P  O  P  Y  I
R  J  A  G  E  T  P  C  A  J  K  Ř  W  Ř  N  R
U  C  C  G  X  S  F  L  C  N  J  Í  F  E  E  I
R  L  P  U  L  X  T  E  L  Ý  V  P  S  K  O  T
Y  M  O  W  D  T  Y  I  P  Y  Y  R  T  V  B  I
A  K  T  I  V  I  T  A  N  Z  V  A  A  A  V  N
O  B  T  Í  Ž  N  O  S  T  A  H  V  T  P  Y  E
W  G  T  I  E  J  U  T  S  E  C  A  E  I  K  R
P  Ř  Í  L  E  Ž  I  T  O  S  T  E  Č  V  L  Á
W  N  O  V  Ý  S  D  W  D  U  V  J  N  Ý  Ý  Ř
Š  A  D  Y  F  B  N  U  A  K  L  A  O  T  E  U
H  A  D  O  R  Í  Ř  P  R  R  R  A  S  S  X  C
N  Ý  N  Č  E  P  Z  E  B  E  N  Á  T  P  J  N
Z  J  K  C  N  A  D  Š  E  N  Í  P  S  O  O  O
U  W  U  T  E  C  A  G  I  V  A  N  C  A  W  A
L  H  H  B  E  Z  P  E  Č  N  O  S  T  E  U  V
```

| | |
|---|---|
| AKTIVITA | ITINERÁŘ |
| KRÁSA | RADOST |
| STATEČNOST | PŘÍRODA |
| ŠANCE | NAVIGACE |
| NEBEZPEČNÝ | NOVÝ |
| DESTINACE | PŘÍLEŽITOST |
| OBTÍŽNOST | PŘÍPRAVA |
| NADŠENÍ | BEZPEČNOST |
| VÝLET | PŘEKVAPIVÝ |
| NEOBVYKLÝ | CESTUJE |

# 27 - Ville

```
P Z D J J T E K R A M R E P U S
J E Z R T D U V R P P X Y V K B
O W K M F L O Ě T Š I T E L U C
B K X Á C O V T O H M J V S O C
A T I Z R E V I N U D M C H H R
A H V A R S N Ó I D A T S U Z
B H U E L A A Á M K O V K E S O
K L I N I K A Ř L É K Á R N A O
R E S T A U R A C E I R E L A G
E T W B L Z D A B D M J E M A B
N O G Z O N L X F I F T G U R Z
A H L Y K H R K S V R T O Z E R
S N W R Š K A J V A T X R E H N
N J H D I R I M T D R Y J U P B
E V O V E O U N F L H A B M M X
K N I H O V N A O O I W L G M Z
```

LETIŠTĚ
BANKA
KNIHOVNA
PEKÁRNA
KINO
KLINIKA
ŠKOLA
KVĚTINÁŘ
GALERIE
HOTEL

TRH
MUZEUM
LÉKÁRNA
RESTAURACE
STADIÓN
SUPERMARKET
DIVADLO
UNIVERZITA
ZOO

# 28 - Ingénierie

```
N T D D A D V Ý P O Č E T H S O
A A Z I H M N K L V P F J L T S
A T F R S I Y B D K R X W O R A
A I T T C T K E H M Ů F L U O A
X Z F S A M R X R E M S V B J N
K U E A A V K I S C Ě H Y K Á P
I A J A D F B T B K R V I A R A
S T A B I L I T A U M P O H O N
P R U E K R L Z O R C Z D O R I
Ú H E L N B D Y X T N E I G O L
C K K B M E U E N S A I A H T A
S Í L A O V R C B N J M G P A P
U I U O T S X G Y O Z O R T C A
W J R T O S U C I K U Y A I E K
T U S K R A U Í N E Ř Ě M X U O
S T R U K T U R A V D F T P X S
```

| | |
|---|---|
| ÚHEL | PÁKY |
| OSA | KAPALINA |
| VÝPOČET | STROJ |
| KONSTRUKCE | MĚŘENÍ |
| DIAGRAM | MOTOR |
| PRŮMĚR | HLOUBKA |
| NAFTA | POHON |
| DISTRIBUCE | ROTACE |
| ENERGIE | STABILITA |
| SÍLA | STRUKTURA |

# 29 - Énergie

```
J  R  U  V  O  B  E  N  Z  Í  N  G  M  M  O  V
A  S  M  U  B  R  T  Í  V  O  G  T  E  L  X  O
D  W  X  T  N  O  R  T  K  E  L  E  X  U  L  D
E  B  N  T  O  T  L  E  N  L  T  A  I  U  C  Í
R  H  C  B  V  O  E  U  N  G  X  T  C  B  F  K
N  N  P  V  I  M  Í  N  Ě  T  Š  I  Č  E  N  Z
Ý  B  M  A  T  F  A  N  T  P  R  U  T  A  X  N
T  E  I  R  E  T  A  B  N  X  A  O  H  V  J  U
U  D  G  Á  L  S  L  U  N  C  E  L  P  L  J  N
R  M  B  P  N  L  S  Y  M  Ů  R  P  I  I  Í  C
B  P  R  Z  Ý  G  Z  V  K  V  G  E  F  V  E  K
Í  E  L  E  K  T  R  I  C  K  Ý  T  O  E  O  G
N  Z  W  U  O  U  M  A  F  T  G  V  T  P  Y  R
A  R  A  T  K  P  V  N  M  J  W  D  O  F  N  N
X  X  D  C  I  K  S  G  W  R  T  C  N  N  O  L
Z  I  I  T  S  P  I  W  T  C  K  S  S  I  U  B
```

| | |
|---|---|
| BATERIE | PRŮMYSL |
| UHLÍK | MOTOR |
| PALIVO | JADERNÝ |
| TEPLO | FOTON |
| NAFTA | ZNEČIŠTĚNÍ |
| ENTROPIE | OBNOVITELNÝ |
| BENZÍN | SLUNCE |
| ELEKTRICKÝ | TURBÍNA |
| ELEKTRON | PÁRA |
| VODÍK | VÍTR |

# 30 - Corps Humain

```
J  K  E  Z  O  M  S  U  R  S  C  V  A  T  D  V
H  R  O  N  E  L  O  K  A  D  A  R  B  V  S  F
L  L  V  T  S  R  P  S  M  K  K  X  Z  Á  R  Y
I  Z  A  T  N  N  O  S  E  B  U  P  R  Ř  G  C
U  H  T  V  A  Í  J  H  N  W  R  X  J  U  H  X
C  E  S  R  A  B  K  Z  O  H  S  E  I  U  C  P
O  N  Ú  N  F  I  O  I  H  V  I  O  S  X  C  N
H  E  L  E  H  K  P  P  C  U  G  N  D  K  R  W
J  V  Z  D  M  E  Ů  N  U  Z  S  P  T  U  L  B
S  J  E  D  Č  D  S  Ž  T  R  T  P  W  E  Z  F
I  M  A  C  E  U  L  W  E  T  K  V  T  X  V  O
K  R  E  V  L  L  X  B  K  Y  R  Z  Z  I  Z  E
X  N  S  V  I  A  H  J  O  W  K  H  B  M  X  T
W  Y  L  J  S  Ž  B  W  L  N  I  X  P  X  Z  C
S  I  G  Y  T  A  U  W  Y  U  P  O  S  W  Y  V
S  R  D  C  E  Y  G  O  F  I  J  E  D  S  J  T
```

| | |
|---|---|
| ÚSTA | RTY |
| MOZEK | RUKA |
| KOTNÍK | ČELIST |
| KRK | BRADA |
| LOKET | NOS |
| SRDCE | UCHO |
| PRST | KŮŽE |
| ŽALUDEK | KREV |
| RAMENO | HLAVA |
| KOLENO | TVÁŘ |

# 31 - Biologie

```
D  Y  Y  M  J  H  M  O  B  P  T  C  K  N  A  D
A  L  P  W  K  X  U  Y  S  A  S  J  B  R  J  E
L  U  H  H  K  T  T  R  J  M  K  E  T  X  N  C
Z  B  H  V  I  O  A  B  U  I  Ó  T  C  C  Z  Z
N  S  V  P  M  R  C  M  B  I  I  Z  E  V  U  K
P  F  H  S  L  X  E  E  U  C  J  A  A  R  B  K
A  N  A  T  O  M  I  E  Ň  T  D  L  Z  E  I  N
S  M  R  P  M  H  P  H  K  H  Z  P  Ó  N  B  E
Y  E  X  T  W  P  Y  X  A  C  X  Z  I  J  Í  G
N  N  P  Ř  Í  R  O  D  N  Í  E  U  B  H  L  A
A  Z  O  M  Ó  Z  O  M  O  R  H  C  M  V  K  L
P  Y  O  R  U  C  Z  G  M  J  B  E  Y  Ý  O  O
S  M  Z  X  U  B  Y  B  R  E  D  V  S  V  V  K
E  A  W  D  J  E  L  T  O  O  O  A  U  O  I  Z
I  F  A  A  G  F  N  M  H  F  X  S  Y  J  N  T
F  O  T  O  S  Y  N  T  É  Z  A  C  D  X  A  R
```

| | |
|---|---|
| ANATOMIE | MUTACE |
| BAKTERIE | PŘÍRODNÍ |
| BUŇKA | NERV |
| CHROMOZÓM | NEURON |
| KOLAGEN | OSMÓZA |
| EMBRYO | FOTOSYNTÉZA |
| ENZYM | BÍLKOVINA |
| VÝVOJ | PLAZ |
| HORMON | SYMBIÓZA |
| SAVEC | SYNAPSE |

# 32 - Épices

```
E O X H Z S J J R H C B L H W P
P Y K R E L K Y N E F G É F O H
V A N I L K A O A X H J K V C M
J H C C Ť T M F Ř P E P O Y Y P
M K O S T U L L I D W Ř B C B
N Z F H X Z H A W B C G I N D X
P Í S K A V I C E T R E C V A Z
S J X B G A R V Í X R V E P S Y
Č E S N E K A H M Ř K I J E B X
Š A F R Á N K G C P P B V X D I
R K T P Z M I C I B U L E Z Z U
G I F L W P G H Z Ý N A S Ů L V
P R D N A I R O K K Y S E L Ý Z
L P F W Í B W R D R O V Z Á Z B
P A B W Z M K S N O M A D R A K
U P A T A D K P L H C O O W O I
```

| | |
|---|---|
| KYSELÝ | PÍSKAVICE |
| ČESNEK | ZÁZVOR |
| HORKÝ | CIBULE |
| ANÝZ | PAPRIKA |
| SKOŘICE | PEPŘ |
| KARDAMON | LÉKOŘICE |
| KORIANDR | ŠAFRÁN |
| KMÍN | PŘÍCHUŤ |
| KARI | SŮL |
| FENYKL | VANILKA |

# 33 - Agronomie

```
J  H  E  T  M  Z  N  V  X  H  X  N  I  V  O  V
Y  J  U  J  V  N  P  E  Ě  A  G  M  D  E  J  S
C  S  M  B  O  E  Z  I  M  D  Y  N  E  N  T  Y
E  E  G  I  H  Č  Y  G  U  O  A  K  N  K  E  S
Z  X  E  T  N  I  P  R  F  V  C  U  T  O  K  T
P  Ů  D  A  O  Š  G  E  T  H  W  I  I  V  O  É
P  M  P  V  J  T  A  N  E  M  E  S  F  S  L  M
B  U  A  O  I  Ě  F  E  W  T  Z  V  I  K  O  Y
M  K  O  D  V  N  Z  O  R  B  O  Ý  K  Ý  G  U
Y  Z  O  U  O  Í  M  E  J  V  R  R  A  J  I  I
P  Ý  R  T  M  W  U  S  L  O  E  O  C  Í  E  H
Í  V  T  S  L  Ě  D  Ě  M  E  Z  B  E  D  X  X
U  Y  I  X  O  N  R  Ů  S  T  N  A  M  L  U  K
O  E  U  F  E  S  B  T  V  B  X  I  B  O  X  Z
W  O  C  A  P  J  C  C  O  I  P  Y  N  D  P  H
R  E  K  L  D  G  F  C  C  K  C  I  N  A  V  A
```

| | |
|---|---|
| ZEMĚDĚLSTVÍ | ZELENINA |
| RŮST | NEMOCI |
| VODA | JÍDLO |
| HNOJIVO | ZNEČIŠTĚNÍ |
| EKOLOGIE | VÝROBA |
| ENERGIE | VÝZKUM |
| EROZE | VENKOVSKÝ |
| STUDOVAT | VĚDA |
| SEMENA | PŮDA |
| IDENTIFIKACE | SYSTÉMY |

# 34 - Science

```
M C T E K L S G X T Z M O J E F
V Z L H O A K E R W P X F N A Y
J Ý F Z T B U O J A W J V S K Z
V E V E M O T A B D V A X R L I
H F T O X R E G J O M I C M I K
E Y D P J A Č P C T L F T G M A
P L P L P T N P O E G U G A A T
Ř U M O P O O L B M U L P S C N
Í K I F T Ř S C H E M I C K Ý E
R E N O D É T V A C F K J R I M
O L E S A B Z V G I D A T A I I
D O R I T Z C A H T X P O Z O R
A M Á L D B Y T M S H N V L A E
X U L I A T M B R Á T S N M H P
V W Y E H U Y W W Č J E W D R X
S R O W C O R G A N I S M U S E
```

| | |
|---|---|
| ATOM | HYPOTÉZA |
| CHEMICKÝ | LABORATOŘ |
| KLIMA | METODA |
| DATA | MINERÁLY |
| EXPERIMENT | MOLEKULY |
| VÝVOJ | PŘÍRODA |
| SKUTEČNOST | ORGANISMUS |
| FOSILIE | ČÁSTICE |
| GRAVITACE | FYZIKA |

# 35 - Vêtements

```
K U O B O L K S W K S U Z S D N
U O G T P Z I E H C K C D V Z D
P B Š D Á U M C M J Z X X E K G
C K L I S B F I A A R D E T F V
Y T O H L A K V P R R M N R U W
L G W K Z E D A Y Ě I Á Ě M H S
Á J G Í M P E K Ž T W A N U S Z
D W Y N B B A Û A S B K K T A S
N J T L O N A R M Á Š M U X Z E
A K N E L A H E O Z F Á S B F Y
S H U D H Š A T Y D E D T E T Z
C N E R N A E W K Z K E V E H Z
L F M H X D Ž Í N Y B A P Y K E
K A B Á T N J O Z A O W E W P G
M M Z N N U J W U F T Z D V L G
R Z X X P B U L P D A D Ó M X C
```

| | |
|---|---|
| NÁRAMEK | SUKNĚ |
| PÁS | KABÁT |
| KLOBOUK | MÓDA |
| BOTA | KALHOTY |
| KOŠILE | SVETR |
| HALENKA | PYŽAMO |
| NÁHRDELNÍK | ŠATY |
| ŠÁTEK | SANDÁLY |
| RUKAVICE | ZÁSTĚRA |
| DŽÍNY | BUNDA |

# 36 - Méditation

```
Í E P Z L M S H V D Ě Č N O S T
N S W O R R U N P Ř I J E T Í P
Á T O R Z F B U U O S M R Z U O
H F N U A O S T P Ř Í R O D A Z
C U N M C F R Í N V E Š U D S O
Ý P D X F I S N Y S C G N E P R
D E E B W F T S O V A K S A L O
G R M V A M K P L S L U J M P V
J S O M M Í R W X T T M O G Z Á
A P C P R O B U D I T L G V T N
X E E L M G B J S N S Č K X X Í
M K W R Y J X Z T D O E W I G D
K T E B S T E Y C I N T E W Z E
R I J J L F Z N R L S L K R F P
K V J J Z V Y K Y K A V W B D Z
G A W R A Z G D N U J E F G W E
```

| | |
|---|---|
| PŘIJETÍ | ZVYKY |
| POZORNOST | DUŠEVNÍ |
| UKLIDNIT | HNUTÍ |
| JASNOST | HUDBA |
| SOUCIT | PŘÍRODA |
| MYSL | POZOROVÁNÍ |
| EMOCE | MÍR |
| PROBUDIT | PERSPEKTIVA |
| LASKAVOST | DÝCHÁNÍ |
| VDĚČNOST | UMLČET |

# 37 - Littérature

```
H  N  P  A  P  R  X  T  H  E  F  O  J  C  K  M
Í  N  Á  N  V  O  R  S  I  P  O  P  K  W  U  E
J  H  S  A  J  T  E  H  J  K  A  O  S  Z  J  T
L  N  U  L  L  U  K  T  S  V  T  J  W  I  X  A
P  S  M  Ý  D  A  P  E  I  G  O  L  A  N  A  F
V  G  T  Z  O  W  U  S  P  C  D  U  J  R  X  O
Z  A  Y  A  G  N  H  F  O  T  K  B  J  Ý  M  R
O  Á  R  O  M  Á  N  F  T  R  E  Ý  D  M  B  A
Č  Ě  V  A  R  P  Y  V  O  A  N  T  I  Y  M  D
G  V  A  Ě  C  F  I  H  V  G  A  P  A  K  O  H
J  L  K  C  R  B  W  F  I  É  W  C  L  N  S  B
T  É  M  A  Z  L  Á  X  Ž  D  N  O  O  H  T  X
C  I  E  Y  Y  B  I  S  B  I  S  E  G  F  Y  J
B  E  L  E  T  R  I  E  E  E  O  C  O  P  L  E
U  O  E  J  X  Z  T  K  G  Ň  T  V  H  K  V  Y
S  D  D  X  I  T  E  G  F  F  C  Z  K  Z  A  K
```

| | |
|---|---|
| ANALOGIE | METAFORA |
| ANALÝZA | VYPRAVĚČ |
| ANEKDOTA | BÁSEŇ |
| AUTOR | POETICKÝ |
| ŽIVOTOPIS | RÝM |
| SROVNÁNÍ | ROMÁN |
| ZÁVĚR | RYTMUS |
| POPIS | STYL |
| DIALOG | TÉMA |
| BELETRIE | TRAGÉDIE |

# 38 - Nourriture #1

```
G H R S M A S O T B T K X L O M
G W A A Ů B L A U A D O H A J R
R I Y O L L E K Ř Z O W W U S K
B Y J U I C V U Í A J O R M X E
P O U Z W I F M N L S A L Á T V
U E Z B H T M Z O K É L M L P E
J O S I M R L G D A E L U B I C
A V G G O Z H A F B N K Š V I
R N N K Z N J E Č M E N S P A Ř
E X X V C S Z L A A X T H E U O
R S A H U A N F C A T B U N Č K
K H H P G R W N R M U M F Á J S
U Á J H R V N H H K Ň U X T M D
C A V Á Ť Š R Z Y A Á O T Z F O
R F J A K V É L O P K N B Y A C
Z R C C E G H R U Š K A I B V C
```

| | |
|---|---|
| ČESNEK | TUŘÍN |
| BAZALKA | CIBULE |
| KÁVA | JEČMEN |
| SKOŘICE | HRUŠKA |
| MRKEV | SALÁT |
| CITRON | SŮL |
| ŠPENÁT | POLÉVKA |
| JAHODA | CUKR |
| ŠŤÁVA | TUŇÁK |
| MLÉKO | MASO |

# 39 - Jours et Mois

```
N O S E R E P L C B S A A J J P
Ř Í J E N Y Y J L Ř M T H R U Á
K E O A P S L P R E R P Ř U M T
A F O T Ý D E N F Z Z V S E X E
L P O O V B M U S E T J T O D K
E R P B X Í L Ě D N O P K B C A
N I W O I U F F S F K E M D F S
D Z G S B A P O T Í Č E R V E N
Á Č T V R T E K B B C C O J O H
Ř E K A A J E P J D E D N A Z A
D U B E N R S R T N N Ú C Z E
N N L U M B R Z Z E E C F C S O
Ú T E R Ý R P M Á D V Z G A E R
C B B X I Y E P Ř Ě R L E D E N
P X H L E W N T Í L E I P J C M
L I S T O P A D D E Č E C U X E
```

| | |
|---|---|
| SRPEN | ÚTERÝ |
| DUBEN | BŘEZEN |
| KALENDÁŘ | STŘEDA |
| NEDĚLE | MĚSÍC |
| ÚNOR | LISTOPAD |
| LEDEN | ŘÍJEN |
| ČTVRTEK | SOBOTA |
| ČERVENEC | TÝDEN |
| ČERVEN | ZÁŘÍ |
| PONDĚLÍ | PÁTEK |

# 40 - Entreprise

```
E  J  T  F  P  Y  H  K  Z  I  Z  B  C  N  P  F
C  K  S  I  Z  T  X  A  S  B  Z  C  K  N  T  N
K  L  O  V  F  X  D  R  R  H  D  L  Y  X  B
A  X  N  N  K  C  K  I  O  B  C  H  O  D  F  K
S  E  Č  X  O  M  J  É  P  F  Y  K  N  A  T  L
N  W  E  Z  M  M  L  R  A  Z  L  U  N  L  O  U
A  I  L  A  P  E  I  A  D  R  E  P  V  K  V  R
R  N  O  M  R  J  F  E  H  J  Z  X  S  Á  Á  O
T  V  P  Ě  O  Í  Z  B  O  Ž  Í  W  N  N  R  Z
K  E  S  S  D  Ř  Á  L  E  C  N  A  K  H  N  P
H  S  A  T  E  P  V  I  C  T  E  Z  N  G  A  O
W  T  N  N  J  H  A  X  N  Z  P  L  A  Ě  X  Č
X  I  S  A  P  I  M  V  A  B  X  U  N  N  M  E
I  C  L  N  W  T  K  W  N  R  P  B  L  A  G  T
C  E  N  E  T  C  J  O  I  D  M  M  V  D  V  U
A  C  C  C  T  X  N  L  F  N  E  N  Z  C  O  W
```

| | |
|---|---|
| PENÍZE | FINANCE |
| OBCHOD | DANĚ |
| ROZPOČET | INVESTICE |
| KANCELÁŘ | ZBOŽÍ |
| KARIÉRA | ZISK |
| NÁKLADY | PŘÍJEM |
| MĚNA | TRANSAKCE |
| ZAMĚSTNANEC | TOVÁRNA |
| SPOLEČNOST | PRODEJ |
| EKONOMIE | |

# 41 - Activités

```
M  S  F  O  T  O  G  R  A  F  O  V  Á  N  Í  J
T  A  K  I  M  A  R  E  K  T  X  J  V  F  T  W
K  Č  L  Z  S  O  X  I  P  O  T  Ě  Š  E  N  Í
S  Ý  Z  O  P  C  N  G  G  H  G  A  N  Z  C  I
T  N  N  K  V  O  L  A  A  K  T  I  V  I  T  A
D  L  U  A  X  Á  Í  M  N  F  V  G  O  T  K  E
X  O  T  A  B  Y  N  E  C  A  X  A  L  E  R  J
F  V  V  V  A  S  E  Í  N  Ě  M  U  O  W  M  W
P  I  W  E  T  Z  T  E  M  A  J  Z  B  X  M  H
Ř  C  X  K  D  P  Č  J  V  L  V  X  Y  Y  J  N
J  E  F  H  Í  N  E  Č  I  N  D  A  R  H  A  Z
W  K  M  F  K  C  O  K  E  M  P  O  V  Á  N  Í
A  B  M  E  X  K  I  S  F  J  Z  Á  J  M  Y  V
I  N  T  N  S  F  P  Í  T  I  Š  W  I  Z  R  B
U  U  J  N  Y  L  I  D  F  O  Y  A  D  J  H  G
D  B  F  Z  I  M  A  K  I  T  S  I  R  U  T  Z
```

| | |
|---|---|
| AKTIVITA | HRY |
| UMĚNÍ | ČTENÍ |
| ŘEMESLA | VOLNÝ ČAS |
| KEMPOVÁNÍ | MAGIE |
| KERAMIKA | MALOVÁNÍ |
| LOV | RYBOLOV |
| DOVEDNOST | FOTOGRAFOVÁNÍ |
| ŠITÍ | POTĚŠENÍ |
| ZÁJMY | TURISTIKA |
| ZAHRADNIČENÍ | RELAXACE |

# 42 - Mode

```
U  G  I  A  U  A  H  M  H  Z  V  S  J  K  P  J
B  Y  H  I  Ý  N  L  D  O  H  O  P  K  R  Ů  E
P  X  M  K  W  I  O  T  F  D  W  A  M  A  V  D
N  M  I  Y  C  N  D  I  G  N  E  J  G  J  O  N
O  Í  N  T  N  A  G  E  L  E  V  R  O  K  D  O
K  M  T  C  J  K  M  E  Z  R  R  Z  N  A  N  D
U  S  I  F  A  T  A  R  U  T  X  E  T  Í  Í  U
S  O  F  I  S  T  I  K  O  V  A  N  Ý  R  D  C
M  Ě  Ř  E  N  Í  E  A  T  V  B  U  T  I  K  H
P  R  A  K  T  I  C  K  Ý  Í  Ý  D  R  P  R  Ý
K  F  P  F  R  U  O  V  X  D  Č  Š  F  A  Z  H
M  Y  T  Z  J  Y  W  Y  O  T  R  A  I  G  I  A
V  Z  O  R  S  K  R  O  M  N  Ý  R  L  V  T  R
H  O  S  X  D  G  A  H  C  N  J  F  Y  T  K  D
O  B  L  E  Č  E  N  Í  K  C  G  Z  T  E  G  A
P  V  V  I  P  X  G  O  G  Z  U  G  S  K  M  O
```

| | |
|---|---|
| BUTIK | VZOR |
| TLAČÍTKA | PŮVODNÍ |
| VÝŠIVKA | PRAKTICKÝ |
| DRAHÝ | JEDNODUCHÝ |
| POHODLNÝ | SOFISTIKOVANÝ |
| KRAJKA | STYL |
| ELEGANTNÍ | TREND |
| MĚŘENÍ | TEXTURA |
| MODERNÍ | TKANINA |
| SKROMNÝ | OBLEČENÍ |

# 43 - Fleurs

```
I  T  U  L  I  P  Á  N  J  R  P  K  U  D  E  I
P  B  D  G  V  V  R  V  G  V  K  U  K  U  B  P
A  G  I  U  C  R  S  E  G  Y  H  S  R  C  A  L
M  R  B  Š  F  V  S  J  D  A  Š  M  I  K  K  U
P  Z  E  D  E  C  I  T  Y  K  I  E  Z  P  S  M
E  Y  E  J  B  K  M  X  B  D  B  Ž  Ř  P  Á  E
L  M  A  G  N  Ó  L  I  E  L  N  Ů  Y  Í  R  R
I  T  N  D  B  W  E  C  X  A  Y  R  W  L  K  I
Š  J  P  D  N  D  T  Z  J  E  D  T  I  I  I  A
K  E  C  I  N  Č  E  N  U  L  S  P  K  L  M  K
A  D  E  B  X  I  J  J  A  S  M  Í  N  I  D  N
P  I  V  O  Ň  K  A  M  Z  M  I  R  G  E  E  E
C  H  M  H  Z  A  Z  Á  W  Y  D  C  B  U  S  Č
M  C  A  M  L  F  F  K  V  X  F  R  R  Y  R  U
E  R  G  A  R  D  É  N  I  E  M  K  I  A  I  M
Z  O  L  E  V  A  N  D  U  L  E  G  G  H  N  B
```

| | |
|---|---|
| KYTICE | ORCHIDEJ |
| GARDÉNIE | MUČENKA |
| IBIŠEK | MÁK |
| JASMÍN | PAMPELIŠKA |
| NARCIS | PIVOŇKA |
| LEVANDULE | PLUMERIA |
| ŠEŘÍK | RŮŽE |
| LILIE | SLUNEČNICE |
| MAGNÓLIE | JETEL |
| SEDMIKRÁSKA | TULIPÁN |

# 44 - Nourriture #2

```
H O U B A K N U Š H S B A L S B
Z B M T R C E J E V I W I K A
U X U D A Č Z J S K O D L L M N
N S C D J D O K L B A J E E W Á
Z M D H Č S R K U J M J O K D N
U X N X E P H K O X K W M B K E
C S F M A T M D L L B Y G U T S
A F Y H D Y X C F R Á I R Y B A
S J H E D T Ř E Š E Ň D T V C T
A G Y E Z M K A P P U T A C W S
K K H X O B A B X C A J F H S T
M F L H M W S N I O H M A N G O
C E L E R O X H D Y H L E T O Y
L O B V K I G X L L K G É D O K
R Ý Ž E C I N E Š P E B X B K R
P B R O K O L I C E Ř U K R M W
```

| | |
|---|---|
| MANDLE | KIWI |
| LILEK | MANGO |
| BANÁN | VEJCE |
| PŠENICE | CHLÉB |
| BROKOLICE | RYBA |
| TŘEŠEŇ | JABLKO |
| CELER | KUŘE |
| HOUBA | HROZEN |
| ČOKOLÁDA | RÝŽE |
| ŠUNKA | RAJČE |

# 45 - Algèbre

```
O W R G G T M F A M R F Z M A U
D U O H R R G E Y D Z K Á N F C
Č W V M A R G A I D U U V O L F
Í J N C F X R H C B S I O Ž H H
T T I Š U D O N D E J Z R S E B
Á V C J N Z L Z F M R X K T O O
N M E C S M S W A Y P O A V R F
Í O L N T R Í F K W B T Z Í Í Ř
I F V P E Y Č N T T L E C V N E
J M A L U N C J O V Y Y W S R Š
V M É L B O R P R H K V Z U Á E
O Z M K E M O L Z M A T I C E N
K N S D T Š E X P O N E N T N Í
I J I A K Á N N Ě M O R P W I T
I S O U Y H U Ý H V C G F L L S
N E K O N E Č N Ý S K A Y R E H
```

| | |
|---|---|
| DIAGRAM | MATICE |
| EXPONENT | ČÍSLO |
| ROVNICE | ZÁVORKA |
| FAKTOR | PROBLÉM |
| FALEŠNÝ | MNOŽSTVÍ |
| VZOREC | ZJEDNODUŠIT |
| ZLOMEK | ŘEŠENÍ |
| GRAF | ODČÍTÁNÍ |
| NEKONEČNÝ | PROMĚNNÁ |
| LINEÁRNÍ | NULA |

# 46 - Océan

```
D X N K P J Ú A C B W V E F W I
D E L F Í N S Y T C C Y O A G D
M W H X H A T E V E R K Á Ň U T
F F K W O P Ř O H Ú M K P B J Ž
A E X A A X I A E I F O R D R R
K O R Á L G C K R D T C B A A A
U O I K G M E D T I M H Y V B L
Z G P L D C E O R W G O U L U O
P Ř Í L I V Y D M D L B K E O K
O I Ú S V F F C Ú V H O L Ž H J
S G T I T P F U U Z H T Ů O S A
K M E V E L R Y B A A N S H Ď P
Z A S D E J C N B B A I L Y H W
R Y B A O H I L Z B H C P H E P
Z W A L K K A V P F U E G V F U
X J P J E T Y Z E B O U Ř E J R
```

| | |
|---|---|
| ÚHOŘ | MEDÚZA |
| VELRYBA | RYBA |
| LOĎ | CHOBOTNICE |
| KORÁL | ŽRALOK |
| KRAB | ÚTES |
| KREVETA | SŮL |
| DELFÍN | BOUŘE |
| HOUBA | TUŇÁK |
| ÚSTŘICE | ŽELVA |
| PŘÍLIVY | VLNY |

# 47 - Remplir

```
P M R X W R B S R X O E J O W N
O O M D A G P T F U K W U I T
B B V T J P A J U H U Y H J G C
H N Á O T R U B K A K Š A T S W
U V O L D I V A L P H H N J S C
C Z A E K Í L Á H E V S D X V O
W V P R Í A S P A K K L E C G G
C X J A L C P B Z E B O B H K V
A D S B P Z N B Á Č E Ž T E Y S
S U B M U N Á U V Í L K P J D Y
M Z K Í Š O K S B L Í A Y A U C
X K W H O T A I O A K N O C X C
C Y E D B R E C I B A R K J K K
M M V L D A Y E C I N E L K S A
R N C S D K H G Z A M Í F T R H
E X E N M E A A X A D X K D P Z
```

BAREL
POVODÍ
KRABICE
LÁHEV
BEDNA
KARTON
SLOŽKA
OBÁLKA
PLAVIDLO
KOŠÍK

BALÍČEK
ZÁSOBNÍK
KAPSA
SKLENICE
TAŠKA
KBELÍK
ŠUPLÍK
TRUBKA
KUFR
VÁZA

# 48 - Antiquités

```
W H J W H V L U Y B H X Y P D B
C Y A K M T Í N T N A G E L E X
O B S T A R Ý B E U X M I F K A
H L P B T P Í N Ě M U M R L O U
J A N E C C D N E J C I E R R T
R M H A A U K C E W B N L S A E
E W S C T P L M X V T C A N T N
B A B E O D F B I M O E G A I T
Y B T S N S Š K J J Í N M Z V I
H C P B D Y P P Z P T R B O N C
J N I E O T E V L T E W K O Í K
B J P U H W R K V A L I T A A Ý
J I L N Ý L K Y V B O E N L Z W
E R G O R A Y E C I T S E V N I
N Á B Y T E K T F A S B V U S H
S R W P Y Z G V S K G E C H Y L
```

UMĚNÍ

AUTENTICKÝ

ŠPERKY

DEKORATIVNÍ

AUKCE

ELEGANTNÍ

GALERIE

NEOBVYKLÝ

INVESTICE

NÁBYTEK

MALBY

MINCE

CENA

KVALITA

OBNOVENÍ

SOCHA

STOLETÍ

STYL

HODNOTA

STARÝ

# 49 - Boxe

```
B  S  T  V  P  I  E  J  U  A  B  Z  V  K  D  G
O  V  O  Ě  R  Y  C  H  L  Ý  R  O  Y  P  O  G
J  J  K  U  L  V  B  O  B  C  A  T  Č  K  V  X
O  M  S  E  P  O  K  R  H  K  D  A  E  N  E  O
V  N  I  I  B  E  R  P  O  V  A  V  R  X  D  X
N  D  N  P  E  C  Ř  Ě  U  O  I  E  P  M  N  S
Í  Z  H  O  S  I  L  S  C  E  Y  N  A  D  O  X
K  G  O  E  T  V  Y  T  S  L  M  Í  N  U  S  G
R  B  R  H  L  A  B  O  D  Y  W  R  Ý  O  T  F
T  F  N  J  V  K  F  Z  T  K  U  O  C  P  Y  G
U  V  C  G  L  U  L  W  J  E  N  Z  M  U  W  A
S  Z  B  K  K  R  J  L  V  N  K  H  H  I  Z  O
S  T  H  P  N  U  X  E  Z  O  F  O  K  M  T  C
Í  N  Ě  N  A  R  Z  I  A  V  A  D  L  A  N  A
L  L  C  J  T  R  J  Z  V  Z  T  Č  D  S  L  T
A  Z  I  K  G  L  N  J  H  S  Y  Í  P  Y  M  T
```

SOUPEŘ              LOKET
ROZHODČÍ            KOP
ZRANĚNÍ            VYČERPANÝ
ZVONEK             SÍLA
ROH                RUKAVICE
BOJOVNÍK           BRADA
DOVEDNOST          PĚST
OHNISKO            BODY
LANA               RYCHLÝ
TĚLO               ZOTAVENÍ

# 50 - Réchauffement Climatique

```
T  F  N  Y  L  P  U  Z  R  G  E  L  E  F  K  M
P  J  B  A  A  E  I  G  R  E  N  E  U  B  L  E
F  K  F  R  M  A  G  B  F  C  C  I  S  X  I  Z
R  P  T  R  Ě  T  Š  I  V  O  N  A  T  S  M  I
P  R  Ů  M  Y  S  L  R  S  V  Y  M  X  P  A  N
D  M  H  C  T  A  B  E  M  L  P  O  A  M  G  Á
Ů  P  O  Z  O  R  N  O  S  T  A  A  J  M  E  R
S  J  A  F  L  I  J  G  O  T  K  T  M  L  W  O
L  G  R  D  P  E  B  J  V  N  W  A  I  U  B  D
E  E  K  U  E  D  W  T  V  L  Á  D  A  V  A  N
D  N  T  H  T  P  M  E  Z  I  R  K  U  R  A  Í
K  E  I  H  C  L  J  Ď  V  V  B  P  R  S  K  W
Y  R  C  V  Y  M  L  B  L  Ě  K  Z  C  G  F  F
A  A  K  T  S  O  N  C  U  O  D  U  B  B  S  T
F  C  Ý  P  O  P  U  L  A  C  E  E  I  I  Y  T
P  E  R  O  Z  V  O  J  B  B  W  L  C  F  A  A
```

| | |
|---|---|
| ARKTICKÝ | GENERACE |
| POZORNOST | VLÁDA |
| KLIMA | STANOVIŠTĚ |
| DŮSLEDKY | PRŮMYSL |
| KRIZE | MEZINÁRODNÍ |
| ROZVOJ | LEGISLATIVA |
| DATA | TEĎ |
| ENERGIE | POPULACE |
| BUDOUCNOST | VĚDEC |
| PLYN | TEPLOTY |

# 51 - Ballet

```
D F T E S A N Í R E L A B W F G
H O X X T O P Í N T N A G E L E
Z Ý V K Y S I O F N S L E B D S
E K L E L S V A L Y X E X O G T
X C O P D S Ó L O X H I H I P O
P E T U U N G R F R G F I C V T
R L E M Š D O K J Y L A N Í R S
E Ě C B Z K G S G T Z R T N Z O
S M H F U D A E T M N G E Č V O
I U N M U K I L B U P O N E I C
V X I I F I B T Z S P E Z N H Y
N R K H A C M O I J I R I A D R
Í T A P B F M P K S I O T T B K
S K L A D A T E L G C H A N Z K
U O M X U O Y E J I W C T S E I
R D W B H B U M J H H T S A A H
```

| | |
|---|---|
| POTLESK | INTENZITA |
| UMĚLECKÝ | SVALY |
| BALERÍNA | HUDBA |
| CHOREOGRAFIE | ORCHESTR |
| DOVEDNOST | PUBLIKUM |
| SKLADATEL | ZKOUŠKA |
| TANEČNÍCI | RYTMUS |
| EXPRESIVNÍ | SÓLO |
| GESTO | STYL |
| ELEGANTNÍ | TECHNIKA |

# 52 - Fruit

```
G K P C Y N F T O H C H V A H H
S X I U I W I K Ř N O V O V R R
M A N G O T G E B E U G O O U O
C K N M N R R T A R Š M A K Š Z
M Ň U A Á G L O I S C E D Á K E
H U O K N S R G N M E G Ň D A N
T R L N A A J Á P A P S N O U K
M E E I B O B U L E I Y N Ý K V
W M M R A T L B R O S K E V E H
T J N A G U A V A I Z P M O M F
B A Y T E M A L I N A D V Ž X B
I B Z K V X D E O A F H S N R X
L L C E O B R B V E U D G A K I
U K V N I F S Z F J V I C R G P
X O C L S U N M A G G P R O T W
K L R V U K C N U B O F O A G M
```

| | |
|---|---|
| MERUŇKA | KIWI |
| ANANAS | MANGO |
| AVOKÁDO | MELOUN |
| BOBULE | NEKTARINKA |
| BANÁN | ORANŽOVÝ |
| TŘEŠEŇ | PAPÁJA |
| CITRON | BROSKEV |
| OBR | HRUŠKA |
| MALINA | JABLKO |
| GUAVA | HROZEN |

# 53 - Musique

```
N  M  D  N  N  G  O  P  M  E  T  A  V  Í  P  Z
Á  I  L  P  A  W  D  P  D  S  N  S  D  X  S  Y
S  K  J  O  B  H  C  F  E  Z  S  I  W  I  A  L
T  R  U  E  Y  E  R  U  K  R  C  T  X  G  D  M
R  O  R  T  I  N  G  Á  C  H  A  D  A  L  A  B
O  F  K  I  C  D  S  Z  V  Ý  A  L  X  I  U  H
J  O  G  C  G  A  O  I  P  K  Á  V  Ě  P  Z  A
D  N  M  K  J  A  E  L  V  C  A  C  H  S  O  R
F  H  A  Ý  Y  J  C  E  E  I  A  L  B  U  M  M
H  U  D  E  B  N  Í  K  I  M  K  I  U  M  K  O
H  A  R  M  O  N  I  E  R  T  H  P  S  T  M  N
H  U  D  E  B  N  Í  H  T  Y  A  V  H  Y  K  I
U  C  W  A  Y  Ý  K  C  I  R  Y  L  N  R  B  C
H  L  A  S  O  V  Ý  N  Ý  K  C  I  S  A  L  K
I  R  E  C  K  A  F  T  Y  C  D  J  G  O  E  Ý
O  Y  C  C  X  L  S  H  I  M  B  E  K  G  L  H
```

| | |
|---|---|
| ALBUM | MELODIE |
| BALADA | MIKROFON |
| ZPÍVAT | HUDEBNÍ |
| ZPĚVÁK | HUDEBNÍK |
| KLASICKÝ | OPERA |
| NAHRÁVKA | POETICKÝ |
| HARMONIE | RYTMUS |
| HARMONICKÝ | RYTMICKÝ |
| NÁSTROJ | TEMPO |
| LYRICKÝ | HLASOVÝ |

# 54 - L'Entreprise

```
B  H  G  E  E  A  G  U  Í  X  O  R  E  I  F  P
A  F  E  L  J  T  E  A  N  M  Y  S  B  D  R  R
Ý  V  I  Ř  O  V  T  M  Č  K  O  B  E  O  P  Ů
M  Z  W  W  R  B  K  U  A  J  A  Ž  D  T  L  M
V  T  H  Z  D  P  Á  F  V  Z  P  P  N  F  X  Y
A  Y  N  L  Z  X  F  L  O  M  X  O  A  O  X  S
E  P  Y  B  A  V  Y  D  N  E  R  T  K  L  S  L
I  O  X  X  T  N  T  S  I  Í  F  K  I  R  P  T
P  V  P  R  E  Z  E  N  T  A  C  E  Z  V  O  L
R  Ě  P  O  D  N  I  K  Á  N  Í  K  I  Ý  D  K
O  S  Z  A  M  Ě  S  T  N  Á  N  Í  R  N  W  I
D  T  X  Í  N  L  Á  N  O  I  S  E  F  O  R  P
U  I  N  V  E  S  T  I  C  E  F  R  O  S  E  I
K  B  S  I  R  O  Z  H  O  D  N  U  T  Í  G  Y
T  K  V  A  L  I  T  A  K  U  F  X  Y  K  S  V
J  E  D  N  O  T  K  Y  I  W  U  V  C  G  Y  Z
```

| | |
|---|---|
| PODNIKÁNÍ | PRODUKT |
| TVOŘIVÝ | PROFESIONÁLNÍ |
| ROZHODNUTÍ | POKROK |
| ZAMĚSTNÁNÍ | KVALITA |
| GLOBÁLNÍ | ZDROJE |
| PRŮMYSL | VÝNOS |
| INOVAČNÍ | POVĚST |
| INVESTICE | RIZIKA |
| MOŽNOST | TRENDY |
| PREZENTACE | JEDNOTKY |

# 55 - Gouvernement

```
D  S  B  R  N  S  T  Z  R  O  C  J  N  V  D  S
I  O  A  P  B  H  R  Á  I  B  I  R  E  M  U  O
S  U  I  O  G  F  N  K  S  T  V  U  Z  Y  F  V
K  D  C  L  O  Z  Z  O  I  M  I  R  Á  A  Z  K
U  N  F  I  V  Z  Ý  N  D  I  L  K  V  Z  D  E
S  Í  T  T  Á  S  P  R  M  N  Z  I  E  A  V
E  N  S  I  Í  C  L  R  R  N  Í  T  S  H  O  C
M  I  P  K  N  C  X  O  O  Á  V  A  L  Z  X  W
M  F  C  A  D  V  N  J  V  R  T  D  O  Y  D  R
X  V  E  A  O  B  M  E  N  O  S  O  S  W  N  P
V  W  L  V  R  V  P  V  O  D  N  B  T  E  Y  L
U  O  N  A  Á  K  O  L  S  H  A  O  F  I  U  O
K  M  I  T  N  I  O  N  T  L  Č  V  G  S  R  B
X  L  O  S  K  Í  N  M  O  P  B  S  Á  M  S  M
N  N  V  Ú  W  T  Y  R  E  L  O  B  D  R  Z  Y
T  G  A  E  T  S  O  N  L  D  E  V  A  R  P  S
```

| | |
|---|---|
| OBČANSTVÍ | SOUDNÍ |
| CIVILNÍ | SPRAVEDLNOST |
| ÚSTAVA | SVOBODA |
| DEMOKRACIE | ZÁKON |
| PROJEV | POMNÍK |
| DISKUSE | NÁROD |
| PRÁVA | NÁRODNÍ |
| ROVNOST | KLIDNÝ |
| STÁT | POLITIKA |
| NEZÁVISLOST | SYMBOL |

# 56 - Randonnée

```
Z E E R O L A P S E T Ú V V Y Í
V T U T K Z T G T L R V T P K S
Í I D R O R C O Ě E U N H O R A
Ř D C F C B Y I Ž E K N G G A Č
A V A R P Í Ř P K S Y P C Z P O
T I M M U S T K Ý R A E B E O P
A U I K K Z A E P H U C S O U K
F X L Z K U R M Ř V O D A Y T G
C S K T X B O P Í P E O G C S Y
K A M E N Y D O R M W V C W S P
D I V O K Ý Z V O J F Ů F G I O
V V F V N J G Á D T E R G Y E J
A R D R J J E N A A K P U X R Z
B P S D U W H Í Y W B S V R A S
U N A V E N Ý O R I E N T A C E
D B B M K T X D B F W N K T B T
```

ZVÍŘATA        POČASÍ
BOTY           HORA
KEMPOVÁNÍ      PŘÍRODA
MAPA           ORIENTACE
KLIMA          PARKY
VODA           KAMENY
ÚTES           PŘÍPRAVA
UNAVENÝ        DIVOKÝ
PRŮVODCE       SLUNCE
TĚŽKÝ          SUMMIT

# 57 - Art

```
V  S  V  R  U  H  Ý  J  O  S  N  N  O  E  H  L
I  Y  L  Y  F  N  N  Ý  S  L  Y  Á  D  D  D  A
Z  M  L  Y  T  X  A  N  O  O  O  L  F  S  K  R
U  B  D  H  Ě  V  V  M  B  Ž  P  A  S  K  O  K
Á  O  N  Y  M  I  O  Í  N  E  O  D  V  I  U  E
L  L  X  H  D  Z  R  Ř  Í  N  S  A  K  L  C  R
N  K  X  I  E  V  I  P  I  Í  T  Y  J  P  N  A
Í  K  S  M  Ř  R  P  U  N  T  A  H  C  O  S  M
C  O  B  N  P  H  S  Z  D  I  V  B  V  T  P  I
P  O  E  Z  I  E  N  E  R  Č  A  B  W  J  O  C
J  L  R  U  G  L  I  F  E  Í  V  Ý  R  A  Z  K
K  O  M  P  L  E  X  I  G  L  I  H  P  X  P  Ý
D  U  M  A  L  B  Y  B  R  Y  P  P  K  N  D  X
F  G  G  X  V  V  P  Y  Z  V  H  U  W  B  H  J
Z  I  L  J  Y  X  J  E  D  N  O  D  U  C  H  Ý
P  Ů  V  O  D  N  Í  G  I  W  L  B  A  C  L  K
```

KERAMICKÝ          PŮVODNÍ
KOMPLEX            MALBY
SLOŽENÍ            OSOBNÍ
VYTVOŘIT           POEZIE
VYLÍČIT            SOCHA
VÝRAZ              JEDNODUCHÝ
POSTAVA            PŘEDMĚT
UPŘÍMNÝ            SYMBOL
NÁLADA             VIZUÁLNÍ
INSPIROVANÝ

# 58 - Nutrition

```
K  B  H  E  G  J  H  D  R  Ť  X  T  R  S  V  K
J  A  H  A  E  E  I  G  I  U  V  Y  L  T  I  J
Y  A  P  B  B  D  I  R  A  H  C  A  S  R  T  X
J  L  X  A  M  L  T  P  B  C  Z  V  C  A  A  Y
E  G  X  Z  L  Ý  S  W  R  X  F  E  R  V  M  Z
T  O  X  I  N  I  O  P  Z  O  L  K  N  A  Í  T
Z  D  R  A  V  Ý  N  Y  F  J  T  E  J  T  N  R
V  E  A  J  Y  K  T  Y  S  V  I  E  R  T  S  Á
L  B  F  A  E  R  O  L  Í  Y  Y  F  I  Ý  O  V
B  F  P  E  O  O  M  S  N  N  Y  Z  D  N  G  E
W  Z  L  K  B  H  H  Z  E  F  E  F  N  E  Y  N
K  V  A  L  I  T  A  D  Ř  S  D  Š  T  Ž  A  Í
B  J  V  G  I  E  I  R  O  L  A  K  A  Á  O  N
R  E  B  F  U  Y  P  A  K  Č  Á  M  O  V  Z  Y
M  W  Y  S  H  E  L  V  J  I  G  N  P  Y  K  Y
E  T  V  Ť  U  H  C  Í  Ř  P  M  Y  P  V  L  K
```

| | |
|---|---|
| HORKÝ | KAPALINY |
| CHUŤ | HMOTNOST |
| KALORIE | PROTEINY |
| JEDLÝ | KVALITA |
| STRAVA | ZDRAVÝ |
| TRÁVENÍ | ZDRAVÍ |
| KOŘENÍ | OMÁČKA |
| VYVÁŽENÝ | PŘÍCHUŤ |
| KVAŠENÍ | TOXIN |
| SACHARID | VITAMÍN |

# 59 - Créativité

```
N  V  Y  N  A  L  É  Z  A  V  Ý  P  U  Ý  I  C
Á  S  P  O  N  T  Á  N  N  Í  E  P  O  K  F  D
P  I  N  S  P  I  R  A  C  E  V  R  D  C  M  U
A  T  I  L  A  T  I  V  Y  E  G  A  F  I  I  A
D  S  A  A  D  R  J  U  B  L  P  V  C  T  I  T
Y  X  B  C  C  P  W  E  M  E  J  O  D  A  N  I
T  E  K  U  T  O  S  T  M  Ě  B  S  H  M  T  Z
G  Z  A  R  B  O  P  I  J  O  L  T  Y  A  U  N
T  I  J  A  S  N  O  S  T  B  C  E  Z  R  I  E
I  V  Z  E  F  G  Y  A  J  W  I  E  C  D  C  T
P  Ř  E  D  S  T  A  V  I  V  O  S  T  K  E  N
T  S  O  N  D  E  V  O  D  M  Z  W  O  L  Ý  I
P  G  W  M  M  V  Ý  B  R  M  V  X  O  Y  U  H
R  X  T  D  Z  X  R  M  N  H  O  B  D  C  V  D
X  H  C  U  G  X  A  B  G  O  L  L  M  X  D  X
M  R  K  O  D  P  Z  Y  E  B  C  A  L  P  F  H
```

| | |
|---|---|
| UMĚLECKÝ | PŘEDSTAVIVOST |
| PRAVOST | DOJEM |
| JASNOST | INSPIRACE |
| DOVEDNOST | INTENZITA |
| DRAMATICKÝ | INTUICE |
| VÝRAZ | VYNALÉZAVÝ |
| EMOCE | POCIT |
| TEKUTOST | SPONTÁNNÍ |
| NÁPADY | VIZE |
| OBRAZ | VITALITA |

# 60 - Science Fiction

```
A A O C Ý V O M O T A J B Y V S
F B Y D H Ě T Y N Y G X O R Ý V
L A E B W Š U F J S I R Y E B C
T F N L W T Ě V S A S I B A U S
X I I T R E X F D H B Z G L C X
V S A J A C U T O P I E I I H O
Ý K C I T S I R U T U F M S R H
O D K É X A T E N A L P A T U E
T Y H I N K P I V W V Y G I V Ň
R K R C N Á N X C J Z Z I C Y T
O L Y G W O Ř A K K U C N K Z Z
B Y F F Z Y Z L D V Ý J Á Ý O B
O X I E O D Z A Í N M É R T X E
T M K O K E S G R Z F D N F X D
Y T E C H N O L O G I E Í O U L
I L U Z E P B H T A J E M N Ý P
```

| | |
|---|---|
| ATOMOVÝ | KNIHY |
| KINO | SVĚT |
| VÝBUCH | TAJEMNÝ |
| EXTRÉMNÍ | VĚŠTEC |
| FANTASTICKÝ | PLANETA |
| OHEŇ | REALISTICKÝ |
| FUTURISTICKÝ | ROBOTY |
| GALAXIE | SCÉNÁŘ |
| ILUZE | TECHNOLOGIE |
| IMAGINÁRNÍ | UTOPIE |

# 61 - Professions #1

```
T R E N É R G K Í N B E D U H G
A B N R É T A L A T S N I S B E
S A G N A X N K H R L E U I E O
T N T L H T H A L X T W S N L L
R K P L W X M G C E V O L T D O
O É K G A W O M M W N D G I R G
N Ř T A A Y L Z L A L O D R E A
O E P T R I F A W O N E T R A T
M Z P S Y C H O L O G D L N K F
Ř Á N I R E T E V X R I F T Í M
D M R N T D F F G X J T L W N K
Y A X A R Ě C B L U R O É F Č K
O P F I B V P A R L B R K T E J
N U D P L J T N C P X E A A N D
A D V O K Á T H A S I Č Ř N A L
V E L V Y S L A N E C H V F T R
```

| | |
|---|---|
| VELVYSLANEC | GEOLOG |
| ASTRONOM | SESTRA |
| ADVOKÁT | LÉKAŘ |
| BANKÉŘ | HUDEBNÍK |
| KLENOTNÍK | PIANISTA |
| KARTOGRAF | INSTALATÉR |
| LOVEC | HASIČ |
| TANEČNÍK | PSYCHOLOG |
| TRENÉR | VĚDEC |
| EDITOR | VETERINÁŘ |

# 62 - Géologie

```
K Y S E L I N A V Á L O J D S N
C M I T U S B N Z H R Í Z J E G
T T A K O Y U Ó Y W O E I X J L
A N I Š O L P Z A T Z C J R M F
Ě E K Í N P Á V I N T K T X U O
X N D Ř T A M W M M A K P O S S
U I Y S E W B U N W V D O Y Y I
C T C K K M E K Y X E K O Y P L
A N X T S K E C B A N E M Á K I
S O W W V E R N H Y Ý D Y T F E
K K A P R Z J Y V R S T V A K S
L N M F L O K R S P F F Z S R K
L M I N E R Á L Y T M U X M O B
R F W P H E X Ů H F A A K I M C
S Z P Z C N C S H M D L Á R O K
G P S T A L A K T I T I Y K R U
```

| | |
|---|---|
| KYSELINA | GEJZÍR |
| VÁPNÍK | LÁVA |
| JESKYNĚ | MINERÁLY |
| KONTINENT | KÁMEN |
| KORÁL | PLOŠINA |
| VRSTVA | KŘEMEN |
| KRYSTALY | SŮL |
| EROZE | STALAKTIT |
| ROZTAVENÝ | SOPKA |
| FOSILIE | ZÓNA |

# 63 - Jardin

```
E  E  C  I  D  A  H  A  J  R  W  V  W  Z  P  T
F  A  V  Á  R  T  V  P  E  W  N  P  L  A  L  W
K  N  A  E  K  A  R  Y  B  N  Í  K  Y  H  O  P
K  Í  I  C  E  P  H  C  I  Z  J  L  H  R  T  Ů
U  L  N  I  M  O  R  T  S  N  N  C  R  A  S  D
I  O  Ě  V  Z  L  K  V  Ě  T  I  N  A  D  L  A
G  P  B  A  Á  L  K  A  K  P  R  F  O  A  D  M
P  M  Á  L  I  R  S  X  O  L  L  T  J  S  I  F
G  A  R  Á  Ž  J  T  L  V  B  E  E  N  A  F  G
R  R  H  O  U  P  A  C  Í  S  Í  T  V  R  W  J
O  T  P  L  V  T  A  T  I  M  B  U  X  E  C  E
C  O  S  A  A  O  B  A  J  H  N  O  R  T  L  J
Z  C  K  F  U  R  X  G  X  D  K  M  L  W  Z  F
M  K  C  B  N  Z  K  S  J  N  B  E  S  A  D  E
O  S  G  J  D  Y  P  R  Z  C  G  I  Ř  I  P  Z
V  Í  N  O  N  D  D  C  O  X  T  C  B  J  Z  A
```

| | |
|---|---|
| STROM | PLEVEL |
| LAVICE | LOPATA |
| KEŘ | TRÁVNÍK |
| PLOT | HRÁBĚ |
| RYBNÍK | PŮDA |
| KVĚTINA | TERASA |
| GARÁŽ | TRAMPOLÍNA |
| HOUPACÍ SÍT | HADICE |
| TRÁVA | SAD |
| ZAHRADA | VÍNO |

# 64 - Santé et Bien Être #1

```
Z Y N O M R O H R F U L G H B Z
A L B P D K V T K Y V Z T F A B
K A O J B G Ý H L G S J T H K G
T V U M O E Š L I H J R V Z T D
I S K P E Í K A N L É Č B A E L
V U O R T N A D I K O S T I R É
N R U Y H Ě I Z K X I O G S I K
Í I J O G N M N A I K K L V E P
R V M X D A L R A A J Ů F C C O
O E I P A R E T A B M N Ž L A K
M U F T V Z L L X G R P W E X I
A H M L F W T L O M I Ř B F A K
Y W L S E L É K Á R N A V T L S
D K U Z K X T D R J H K A D E G
D C Z T I H V F I J I É V E R I
X C R R M E L N W G Y L J G O T
```

| | |
|---|---|
| AKTIVNÍ | LÉK |
| BAKTERIE | SVALY |
| ZRANĚNÍ | KOSTI |
| KLINIKA | KŮŽE |
| HLAD | LÉKÁRNA |
| ZLOMENINA | RELAXACE |
| ZVYK | REFLEX |
| VÝŠKA | TERAPIE |
| HORMONY | LÉČBA |
| LÉKAŘ | VIRUS |

# 65 - Barbecues

```
G U Z S P B I S L L K T S W G C
N S P E Ů C Z D H R J U S G G I
M D G X L L V F L V V T C P R B
Z I Y V D E H R Y E E C L V I U
V E Č E Ř E N P O V O C E S L L
N B Ř N O Ž E I T Ě D I U A R E
A B D U H K A G N D Ě G Z L A H
N C F A K Č Á M O A B V W Á J J
I H P F A G Y V T L O H I T Č O
D G H A V O U G É C H R Y Y A G
O A R K C S X M L H G L E U T M
R H Y R Y M Y I R O J R H T A F
H L P E P Ř W T G R L P D A H T
J A M E N Y X P O K W S N T P M
S D X D B S D S N Ý P I G S G N
O V S U B L B P A E Y L L K H H
```

| | |
|---|---|
| HORKÝ | HRY |
| NOŽE | ZELENINA |
| OBĚD | HUDBA |
| VEČEŘE | CIBULE |
| DĚTI | PEPŘ |
| LÉTO | KUŘE |
| HLAD | SALÁTY |
| RODINA | OMÁČKA |
| OVOCE | SŮL |
| GRIL | RAJČATA |

# 66 - Forêt Tropicale

```
H M M U Z C W M T E Z N H O Y P
X G P F Z Z J Y Y A M V L B B Ř
R P B O T A N I C K Ý V P O K E
S O Ř M R A K Y S A V C I J D Ž
M P Z Í N D O V Ů P Z Z M Ž Ž I
Y B O M R H R X F H M Y Z I U T
C W F L A O R L Y M S K W V N Í
E W U F E N D A V T H E L E G L
N K Ú N T Č I A J V S I H L L X
N P T N E H E T L M E C H N E D
Ý D O J J Z I N O C Z Á F Í A C
V R Č P P O Z L S S I T F C N I
F U I F Ú C T A L T T P F I K M
A H Š F O I Z Í N E V O N B O D
O M T K L I M A I V O Í R C Z U
B A Ě Z A C H O V Á N Í J F C G
```

| | |
|---|---|
| OBOJŽIVELNÍCI | MECH |
| BOTANICKÝ | PŘÍRODA |
| KLIMA | MRAKY |
| SPOLEČENSTVÍ | PTÁCI |
| ROZMANITOST | CENNÝ |
| DRUH | ZACHOVÁNÍ |
| PŮVODNÍ | ÚTOČIŠTĚ |
| HMYZ | ÚCTA |
| DŽUNGLE | OBNOVENÍ |
| SAVCI | PŘEŽITÍ |

# 67 - Ferme #1

```
C R Í I O J O V I J O N H I U I
H K V P O F D Č J R Y Ň L V Y O
X P T O G B Á E C J O Ů D N H S
P E S L F G T L J V A K U Ř E E
I X L E R O S A Z O K O G B M L
W R Ě L W X U N N Č U P X I H
C M D E M W R H F E O F P L A K
U T Ě T M U E Ý V S K B D F O W
E I M O X H O S Ž H Y I K X N T
B D E D E M F V M E L Z S A G Y
L G Z V V D Y B L U D O W O Y B
B E M P M K Z V N L A N Á R V Y
X P C B S D I L N I V D L P S J
S P G J A D G H M Y Á K O M I U
U G O S H B U P T G R O W V G J
E S T X J S U D J O K N U Z M A
```

VČELA            VRÁNA
ZEMĚDĚLSTVÍ      VODA
OSEL             HNOJIVO
BIZON            SENO
POLE             MED
KOČKA            KUŘE
KŮŇ              RÝŽE
KOZA             STÁDO
PES              KRÁVA
PLOT             TELE

# 68 - Café

```
R H Z M Y X U F U K Y S E L Ý E
M X J V R Y A X I T B Z P S K C
M U A E X D M R S L S X K F N A
J V P I P H K M R C T W A B Z Y
Y J Ť U H C Í Ř P U O R W B V W
U X A T Í P C J O K D S A C O D
L C N I E F O K H R R T C K J L
A P E S D G N E Á L Ů Y M X I C
J F C U A B Á W R S D Č V D N M
P Ů V O D G R H S Z A E Ů M I Z
C X S R O F K H D T J R N J H G
H P U B V P M L É K O N Ě N P F
K O K A P A L I N A P Á P L Z S
T R R C T N I J X G Á C B L D C
X B É K U A T F K J N U P B S B
X L O M Ý C N U R E R R N C F J
```

KYSELÝ          KAPALINA
HORKÝ           RÁNO
VŮNĚ            BROUSIT
PÍT             ČERNÁ
NÁPOJ           PŮVOD
KOFEIN          CENA
KRÉM            PŘÍCHUŤ
VODA            CUKR
FILTR           POHÁR
MLÉKO           ODRŮDA

# 69 - Antarctique

```
K V V I L Á Z Z N Y B Y R L E V
Í O O O N Y L Á R E N I M E I V
N R S D E L V P U V O I D F E
M T Y T T A T O L P E T G O A L
U S N U I R V L G N N S R V R B
K O C M C N O H S F E K A C G G
Z O J M Á U E V C M K L C E O I
Ý L B Z T Z F N Y R M X E K P U
V O Ý N P E X Z T A Z Z O E O E
M P K P T V T Z Z K M T Z P T X
Z A C H O V Á N Í Y C X U X O P
P K E S K A L N A T Ý G I H S E
V H D L L P M W L N V S K C M D
X O Ě K X A R J C B C J Y M Y I
N H V G V C U T R H Y R R M Y C
Z E M Ě P I S O I K F M Z R W E
```

ZÁLIV
VELRYBY
VÝZKUMNÍK
ZACHOVÁNÍ
KONTINENT
VODA
EXPEDICE
ZEMĚPIS
LED
LEDOVCE

OSTROVY
MIGRACE
MINERÁLY
MRAKY
PTÁCI
POLOOSTROV
SKALNATÝ
VĚDECKÝ
TEPLOTA
TOPOGRAFIE

# 70 - Professions #2

```
A F D E T E K T I V S O G E B L
X U O W W H B L O Z I D Y U I F
K B N T O L I P N E G B C U O I
I H Ř Z O V Ý Z K U M N Í K L L
X M Á A R G I I S V Z L C P O O
A P N D T M R E M Y A U É P G Z
C H I R U R G A V N H Č I K A O
T X V H A H Y T F Á R I N Í A F
D B O T N T W S B L A T Ž N X Ř
V H N O O M D I O E D E E V L Í
F C A P R K S V K Z N L N O O L
H T A B T P N G D C Í K Ý H Z A
K P Z M S J A N A E K S R I X M
O J H N A W L I F J M L K N H Y
Z O O L O G V L Z U B A Ř K C R
W A T O P I L U S T R Á T O R Y
```

| | |
|---|---|
| ASTRONAUT | VYNÁLEZCE |
| KNIHOVNÍK | ZAHRADNÍK |
| BIOLOG | NOVINÁŘ |
| VÝZKUMNÍK | LINGVISTA |
| CHIRURG | LÉKAŘ |
| ZUBAŘ | MALÍŘ |
| DETEKTIV | FILOZOF |
| UČITEL | FOTOGRAF |
| ILUSTRÁTOR | PILOT |
| INŽENÝR | ZOOLOG |

# 71 - Les Abeilles

```
P  S  D  J  A  U  Y  W  S  D  P  Z  E  B  G  M
M  L  L  T  H  N  Y  C  V  B  A  J  P  I  Y  É
G  U  N  H  M  V  H  T  V  I  R  N  Z  K  J  T
P  N  Z  O  A  L  D  Í  Ř  K  E  N  O  C  Y  S
Y  C  G  H  N  D  E  M  E  K  V  Ě  T  I  N  Y
L  E  C  I  V  R  A  Z  I  T  U  E  S  R  R  S
K  Y  O  B  O  R  O  R  O  S  T  L  I  N  Y  O
O  A  W  U  L  T  N  Z  H  H  P  Ú  Z  C  Z  K
U  Č  L  M  Á  U  R  W  M  A  B  W  A  Z  R  E
Ř  A  Z  K  R  X  X  K  O  A  Z  Y  M  H  E  F
M  V  H  M  K  V  O  Ý  V  I  N  Z  Í  Ř  P  J
Z  O  V  O  C  E  O  J  O  N  U  I  L  S  A  Í
X  L  G  Y  R  O  J  S  A  H  G  A  T  J  L  D
J  Y  R  Y  B  E  D  W  K  A  J  A  Ě  O  K  L
S  P  N  R  G  S  I  C  W  K  B  G  V  L  S  O
Y  O  Z  L  J  S  X  P  E  P  N  R  K  S  E  T
```

| | |
|---|---|
| KŘÍDLA | HMYZ |
| PŘÍZNIVÝ | ZAHRADA |
| VOSK | MED |
| ROZMANITOST | JÍDLO |
| ROJ | ROSTLINY |
| EKOSYSTÉM | PYL |
| KVĚT | OPYLOVAČ |
| KVĚTINY | KRÁLOVNA |
| OVOCE | ÚL |
| KOUŘ | SLUNCE |

# 72 - Santé et Bien Être #2

```
D  A  D  K  Z  Z  E  A  X  M  M  N  D  Z  F  C
E  O  A  A  L  O  D  O  T  A  L  G  E  Z  U  Ť
H  X  L  L  W  N  T  C  P  S  W  P  R  M  N  U
Y  E  E  O  L  Ě  T  A  Ý  Á  K  F  H  F  O  H
D  F  R  R  P  F  G  V  V  Ž  N  R  Z  F  B  C
R  H  G  I  R  A  G  I  A  E  C  K  E  F  N  I
A  Y  I  E  F  E  E  Ž  R  C  N  X  T  V  W  Y
T  G  E  T  C  U  N  Ý  D  I  K  Í  W  I  K  O
A  I  V  X  A  H  E  V  Z  N  J  O  S  A  G  S
C  E  Y  S  S  M  T  T  V  C  J  V  C  W  S  P
E  N  Í  M  A  T  I  V  N  O  G  P  G  P  Z  I
Y  A  X  D  M  C  K  H  S  M  H  M  J  K  C  F
O  S  L  C  I  J  A  R  B  E  M  U  B  K  G  G
H  M  O  T  N  O  S  T  Y  N  I  O  X  K  U  G
E  N  E  R  G  I  E  S  T  R  E  S  M  L  J  V
F  Y  H  A  N  A  T  O  M  I  E  L  C  N  L  S
```

| | |
|---|---|
| ALERGIE | INFEKCE |
| ANATOMIE | NEMOC |
| CHUŤ | MASÁŽ |
| KALORIE | VÝŽIVA |
| TĚLO | HMOTNOST |
| DEHYDRATACE | ZOTAVENÍ |
| ENERGIE | ZDRAVÝ |
| GENETIKA | KREV |
| NEMOCNICE | STRES |
| HYGIENA | VITAMÍN |

# 73 - Conduite

```
W Z Z G G Y A T R Y Z W J C P S
E F X Z T M L K Y C O T O M A V
N T I Y A S A A C I A V H K L P
F E C N E C I L H T Z E O L I W
G S B R C R U E L K O O G V V Y
P A H E H V M N O A V A R P O D
E P R K Z F Y U S I O G R C W Z
W L C Á L P O T T D R M C T H R
B Y V Ď Ž I E J D C P D U M X B
I N V A M G J Č P Ě Š Í N O C L
J T A L L A T L Í A U T O T T R
L R A K F D P S O K P K B O K S
K S S Á O O G A O F M N I R V I
X J X N I H P O L I C I E C B Y
T K Z O O E C I N L I S C J O B
K G T S O N Č E P Z E B J V O K
```

NEHODA
NÁKLAĎÁK
PALIVO
MAPA
NEBEZPEČÍ
BRZDY
GARÁŽ
PLYN
LICENCE
MOTOR

MOTOCYKL
PĚŠÍ
POLICIE
SILNICE
BEZPEČNOST
PROVOZ
DOPRAVA
TUNEL
RYCHLOST
AUTO

# 74 - Plantes

```
U  K  L  A  V  S  F  Z  G  T  H  V  Z  R  D  P
O  D  I  L  G  N  O  O  L  V  A  C  Z  Z  H  O
W  Y  S  R  Ů  S  T  F  A  Z  O  L  E  Y  X  V
G  U  T  C  M  E  H  N  O  J  I  V  O  M  E  P
V  Z  D  K  B  L  S  L  U  U  F  X  Y  A  Y  T
E  V  P  F  E  L  U  B  O  B  W  L  D  M  O  G
C  Y  U  M  F  Ř  Z  A  H  R  A  D  A  C  J  L
M  Y  E  H  B  G  Z  C  F  X  D  M  R  N  C  W
J  X  H  L  H  M  D  C  F  N  F  O  K  B  G  D
C  G  B  A  M  B  U  S  F  L  Ó  R  A  Ř  N  I
S  V  E  G  E  T  A  C  E  T  D  T  A  E  F  Y
U  Y  R  V  R  Y  K  E  N  O  T  S  J  Č  L  F
T  R  Á  V  A  S  W  O  Y  X  P  M  K  Ť  I  E
K  V  Ě  T  I  N  A  C  Ř  A  P  P  Z  A  J  J
A  K  I  N  A  T  O  B  J  E  N  K  N  N  M  M
K  J  W  X  N  T  K  L  J  I  N  D  R  S  R  T
```

| | |
|---|---|
| STROM | LES |
| BOBULE | RŮST |
| BAMBUS | FAZOLE |
| BOTANIKA | TRÁVA |
| KEŘ | ZAHRADA |
| KAKTUS | BŘEČŤAN |
| HNOJIVO | MECH |
| LIST | KOŘEN |
| KVĚTINA | STONEK |
| FLÓRA | VEGETACE |

# 75 - Ferme #2

```
P F Y Z M P V O M Z L T K Z O L
F D G E J N P V X L M H O E O V
A R L L M N J C R X É J E M U M
T S A E Y E D E X J S K C Ě T G
A Z M N X M X C R B T T O D A S
Ř E A I W Č A I S E V O V Ě V Y
Í Č Ě N H E J N X C R G O L K N
V M C A P J M E H K A O W E X A
Z L X E T Ř Y Š D C N X Y C P V
Y S O S Y Ý B P F P A A U N R Y
K S L U R T E C I Ř U K U K N H
I C D T K S U T R A K T O R E A
S M Í X M A L O D O T S B J Y B
G C J F J P J T Ú L Z B V Z O V
Y Y O V H I N D U A E N O R W P
Z A V L A Ž O V Á N Í H H Z V E
```

| | |
|---|---|
| JEHNĚČÍ | LAMA |
| ZEMĚDĚLEC | ZELENINA |
| ZVÍŘATA | KUKUŘICE |
| PASTÝŘ | OVCE |
| PŠENICE | JÍDLO |
| KACHNA | JEČMEN |
| OVOCE | LOUKA |
| STODOLA | ÚL |
| ZAVLAŽOVÁNÍ | TRAKTOR |
| MLÉKO | SAD |

# 76 - Vacances #2

```
I  L  T  F  G  I  D  F  Z  E  H  T  D  W  C  W
J  C  E  C  A  N  I  T  S  E  D  J  E  E  H  V
J  P  Y  T  N  C  Z  A  T  A  L  S  O  E  L  N
H  L  R  M  I  C  U  P  M  S  I  C  Z  F  H  B
P  O  N  K  P  Š  I  M  V  A  V  A  R  P  O  D
L  W  T  X  P  B  T  Z  P  Č  V  Í  Z  U  M  R
Á  U  V  E  Ř  O  M  Ě  I  Ý  C  E  S  T  A  E
Ž  V  H  T  L  H  B  P  X  N  H  P  S  R  K  Z
D  O  V  O  L  E  N  Á  A  L  E  N  W  S  O  E
X  H  D  A  G  L  F  T  T  O  B  C  K  Z  E  R
K  E  M  P  O  V  Á  N  Í  V  O  R  T  S  O  V
M  O  M  A  C  E  S  T  O  V  N  Í  P  A  S  A
E  D  V  M  R  E  S  T  A  U  R  A  C  E  H  C
K  Y  B  I  L  X  R  M  O  V  W  W  X  P  D  E
B  W  H  F  R  P  P  T  K  S  T  A  N  A  X  N
A  P  A  M  Z  G  Z  F  F  D  J  V  L  A  K  V
```

| | |
|---|---|
| LETIŠTĚ | PLÁŽ |
| KEMPOVÁNÍ | RESTAURACE |
| MAPA | REZERVACE |
| DESTINACE | TAXI |
| CIZINEC | STAN |
| HOTEL | VLAK |
| OSTROV | DOPRAVA |
| VOLNÝ ČAS | DOVOLENÁ |
| MOŘE | VÍZUM |
| CESTOVNÍ PAS | CESTA |

# 77 - Éthique

```
J  U  D  Z  T  F  S  N  E  M  I  Y  T  Y  C  S
V  B  T  W  T  É  K  Z  Y  F  H  R  R  E  T  X
D  Ů  S  T  O  J  N  O  S  T  C  X  P  C  W  A
S  Y  O  S  B  I  W  M  Y  M  Y  L  Ě  N  L  N
J  A  R  O  T  E  N  S  U  M  S  I  L  A  E  R
O  S  D  V  S  I  N  T  L  Z  E  U  I  R  I  G
V  F  U  A  O  X  E  E  E  S  O  T  V  E  F  U
T  M  O  K  V  V  E  F  V  G  T  R  O  L  O  C
S  U  M  S  I  M  I  T  P  O  R  P  S  O  Z  T
D  W  W  A  T  I  C  U  O  S  L  I  T  T  O  I
I  F  R  L  C  M  M  Z  W  B  X  E  T  E  L  V
L  B  I  R  O  Z  U  M  N  O  S  T  N  A  I  Ý
S  Z  M  Z  P  H  O  D  N  O  T  Y  I  T  F  D
D  I  P  L  O  M  A  T  I  C  K  Ý  I  E  N  O
A  L  T  R  U  I  S  M  U  S  K  H  A  D  Y  Í
O  O  S  P  O  L  U  P  R  Á  C  E  J  N  N  L
```

| | |
|---|---|
| ALTRUISMUS | OPTIMISMUS |
| BENEVOLENTNÍ | TRPĚLIVOST |
| SOUCIT | FILOZOFIE |
| SPOLUPRÁCE | ROZUMNÉ |
| DŮSTOJNOST | ROZUMNOST |
| DIPLOMATICKÝ | UCTIVÝ |
| LASKAVOST | REALISMUS |
| POCTIVOST | MOUDROST |
| LIDSTVO | TOLERANCE |
| INTEGRITA | HODNOTY |

# 78 - Temps

```
D  E  Ř  P  L  J  A  M  D  Z  E  H  M  K  O  R
Ď  E  T  W  F  A  W  Y  G  Y  Z  R  B  A  B  T
F  L  S  J  C  T  Ý  D  E  N  E  D  H  L  U  D
S  F  I  E  W  U  N  G  V  I  S  M  R  E  D  Z
L  Z  T  Z  T  N  F  J  Č  D  T  Ě  W  N  O  V
P  D  S  B  L  I  Z  P  E  O  O  S  R  D  U  L
F  I  M  L  X  M  L  T  R  H  L  Í  Á  Á  C  U
H  Y  S  K  N  X  F  E  A  M  E  C  N  Ř  N  O
J  U  X  D  O  M  U  M  T  H  T  A  O  T  O  D
E  K  K  A  C  M  D  B  B  Í  Í  K  E  Y  S  X
U  N  X  S  I  R  P  P  O  L  E  D  N  E  T  U
K  M  A  R  H  R  J  O  C  X  A  Z  B  L  E  N
V  F  D  Y  C  E  O  P  P  M  V  T  E  G  I  N
O  O  I  E  M  A  S  Č  V  H  R  E  Z  U  Y  X
S  D  O  C  Y  L  E  A  N  I  D  O  H  G  Y  E
S  U  A  J  P  R  X  R  Y  Í  Z  O  S  P  W  N
```

| | |
|---|---|
| ROK | HODINY |
| ROČNÍ | DEN |
| PO | TEĎ |
| PŘED | RÁNO |
| BRZY | POLEDNE |
| KALENDÁŘ | MINUTA |
| DESETILETÍ | MĚSÍC |
| BUDOUCNOST | NOC |
| HODINA | TÝDEN |
| VČERA | STOLETÍ |

# 79 - Maison

```
Z  P  Í  V  O  R  K  D  O  P  H  W  S  W  H  T
K  O  Š  T  Ě  E  P  U  J  R  T  E  P  T  M  S
K  M  Y  K  K  S  D  T  C  B  I  H  R  Y  A  T
E  L  A  O  N  Z  F  J  T  H  D  A  C  H  N  J
T  E  L  T  I  K  L  Í  Č  E  Y  P  H  N  É  U
B  M  Ř  C  H  S  O  U  Z  C  U  N  A  K  R  B
X  V  K  E  O  N  K  O  J  A  O  C  Ě  T  E  T
T  Y  S  Ě  V  Á  Z  S  T  P  H  E  O  N  T  D
L  V  S  N  N  D  O  T  M  M  F  R  M  N  U  E
A  P  U  G  A  X  P  Ě  S  A  D  E  A  Y  S  D
Z  R  C  A  D  L  O  N  T  L  P  B  G  D  I  M
U  X  X  B  A  F  R  A  Ř  Z  L  O  A  Y  A  Z
W  R  U  F  B  P  T  R  E  J  O  K  R  V  I  T
G  P  R  D  V  D  S  K  C  S  T  I  Á  N  C  O
V  T  W  C  M  G  O  R  H  C  O  Č  Ž  N  U  E
R  I  Y  C  F  N  Y  K  A  R  L  C  E  R  P  G
```

| | |
|---|---|
| KOŠTĚ | ZAHRADA |
| KNIHOVNA | LAMPA |
| KRB | ZRCADLO |
| KLÍČE | STĚNA |
| PLOT | STROP |
| KUCHYNĚ | DVEŘE |
| SPRCHA | ZÁVĚSY |
| OKNO | SUTERÉN |
| GARÁŽ | KOBEREC |
| PODKROVÍ | STŘECHA |

# 80 - Légumes

```
S  Z  B  H  O  T  U  Ř  Í  N  P  Y  S  R  L  B
Č  Á  R  R  O  L  U  Y  S  M  K  A  J  V  J  H
E  Z  A  I  O  U  I  Y  L  R  B  H  B  L  H  W
S  V  J  X  Y  K  B  V  X  K  O  Č  Y  T  R  A
N  O  Č  F  E  O  A  A  E  A  U  W  F  O  R  R
E  R  E  X  W  T  T  L  Y  V  N  A  C  X  G  O
K  Z  D  G  P  Á  T  M  I  Ř  E  D  K  E  V  S
O  N  J  J  X  N  S  S  F  C  H  S  E  Z  E  A
C  I  B  U  L  E  K  M  G  M  E  L  L  M  V  L
Y  N  K  P  E  P  O  K  U  R  K  A  I  B  X  Á
Z  I  B  F  Ž  Š  E  E  S  Y  I  K  L  D  S  T
D  Ý  N  Ě  R  Y  K  Š  C  S  L  T  L  V  C  F
F  O  P  F  T  B  S  Á  R  M  B  O  I  L  E  F
P  K  E  G  E  E  O  R  G  A  S  L  W  T  L  T
P  U  P  E  P  W  J  H  H  K  E  A  I  N  E  P
H  J  L  V  L  W  G  S  B  G  I  Š  L  G  R  H
```

ČESNEK  
ARTYČOK  
LILEK  
BROKOLICE  
MRKEV  
CELER  
HOUBA  
DÝNĚ  
OKURKA  
ŠALOTKA  

ŠPENÁT  
ZÁZVOR  
TUŘÍN  
CIBULE  
OLIVA  
PETRŽEL  
HRÁŠEK  
ŘEDKEV  
SALÁT  
RAJČE

# 81 - Famille

```
M L Y J F B J E Z W N R S B M L
P A R E C D A S E S T R A T U S
W I N A C C E B Í V T S T Ě D B
E W D Ž M X O X I T Ě D E A N Y
U J B Z E F H J C Č G K T L R A
I M K M R L N M E N K P E X K B
Y M B M W D M A T K A A R T C M
M A N Ž E L K A O E Z D Í T Ě A
B R A T R A N E C N E T E Ř D T
O T C O V S K Ý E D S L T Y Ě E
P P V S A V L X V F S J Y K D Ř
C T N J U A R M O N G T H R E S
S T R Ý C L F Y N P J F P Z Č K
P Ř E D E K K W Y A L K R U E Ý
Z O L F J A W T S O F Z S H K P
X S K U Y H B O B H F M N L I O
```

| | |
|---|---|
| PŘEDEK | MANŽEL |
| BRATRANEC | MATEŘSKÝ |
| DĚTSTVÍ | MATKA |
| DÍTĚ | SYNOVEC |
| DĚTI | NETEŘ |
| MANŽELKA | STRÝC |
| DCERA | OTCOVSKÝ |
| BRATR | OTEC |
| BABIČKA | SESTRA |
| DĚDEČEK | TETA |

# 82 - Oiseaux

```
O F V D L E R O Y E D T W G S G
W M W M A Ř B Y P U M H T E M O
Č T R U B U V V K Á Ň Č U T H O
Á N R E U K A C E B A R V R O K
P W T C Ť E P N Š J I E W A L A
P Š T R O S Á V U Y C T S C U C
B J P H V O V X O V Y E V E B H
H J E X S O M I P H U S A K I N
O O L J C T L N A N Á R V R C A
U M I K W I T A P N X H K Z E X
H V K F U S B K V T J N E G A O
V V Á K W K E U J K G V H H L H
H N N J C M A T Y E A X I O W F
M P N Z Z E W Č I G Y D X L J W
K R Z J V C M V K L E K U U Y Y
J W F F N P F D Y A L T B B V L
```

| | |
|---|---|
| OREL | VRABEC |
| PŠTROS | RACEK |
| KACHNA | VEJCE |
| ČÁP | HUSA |
| HOLUBICE | PÁV |
| VRÁNA | PAPOUŠEK |
| KUKAČKA | PELIKÁN |
| LABUŤ | HOLUB |
| VOLAVKA | KUŘE |
| TUČŇÁK | TUKAN |

# 83 - Disciplines Scientifiques

```
T  E  R  M  O  D  Y  N  A  M  I  K  A  K  A  P
X  A  D  Ě  V  O  K  Y  Z  A  J  X  X  H  R  S
J  C  K  B  D  E  E  X  C  U  T  Y  E  X  C  Y
R  E  E  I  G  O  L  O  I  B  I  N  B  J  H  C
E  I  M  O  N  O  R  T  S  A  H  P  G  T  E  H
I  M  A  C  T  A  K  I  N  A  H  C  E  M  O  O
G  O  Z  H  K  W  T  D  I  M  D  J  C  X  L  L
O  T  N  E  E  I  G  O  L  O  I  Z  Y  F  O  O
L  A  C  M  X  F  J  I  B  N  G  J  H  B  G  G
O  N  E  I  G  O  L  O  R  O  E  T  E  M  I  I
R  A  S  E  I  G  O  L  A  R  E  N  I  M  E  E
U  S  W  T  E  K  O  L  O  G  I  E  M  G  H  M
E  I  G  O  L  O  I  C  O  S  M  H  E  T  C  U
N  I  M  U  N  O  L  O  G  I  E  R  H  A  V  M
V  R  C  Z  O  O  L  O  G  I  E  O  C  U  Z  W
A  Y  S  Z  A  L  F  W  G  E  O  L  O  G  I  E
```

ANATOMIE

ARCHEOLOGIE

ASTRONOMIE

BIOCHEMIE

BIOLOGIE

BOTANIKA

CHEMIE

EKOLOGIE

GEOLOGIE

IMUNOLOGIE

JAZYKOVĚDA

MECHANIKA

METEOROLOGIE

MINERALOGIE

NEUROLOGIE

FYZIOLOGIE

PSYCHOLOGIE

SOCIOLOGIE

TERMODYNAMIKA

ZOOLOGIE

# 84 - Maladie

```
F  I  R  F  I  V  V  N  M  J  S  B  X  E  U  T
A  W  B  X  M  N  X  B  D  M  D  G  P  Ý  F  I
L  K  R  M  M  O  C  F  W  L  L  N  A  K  C  M
B  E  D  E  R  N  Í  N  C  I  L  P  L  C  H  U
S  C  G  R  A  N  E  U  R  O  P  A  T  I  E  N
Y  D  E  E  T  L  M  C  Y  E  F  Z  Ě  N  N  I
N  R  N  S  E  Y  E  W  U  C  V  U  N  O  A  T
D  S  E  P  R  V  G  R  R  O  T  N  Á  R  K  A
R  O  T  I  A  R  V  Í  G  Z  W  S  Z  H  A  C
O  T  I  R  P  W  I  V  S  I  F  O  R  C  Ž  T
M  K  C  A  I  S  L  A  B  Ý  E  A  V  M  L  K
T  A  K  Č  E  J  S  R  B  Ř  I  Š  N  Í  I  S
S  Ě  Ý  N  D  I  U  D  A  K  U  T  N  Í  V  D
I  K  L  Í  I  M  H  Z  V  T  L  Y  Y  I  Ý  H
U  Z  S  O  C  F  V  U  Z  T  G  E  K  A  O  C
K  O  S  T  I  D  Ě  D  I  Č  N  Ý  X  D  E  M
```

| | |
|---|---|
| BŘIŠNÍ | IMUNITA |
| AKUTNÍ | ZÁNĚT |
| ALERGIE | BEDERNÍ |
| CHRONICKÝ | NEUROPATIE |
| NAKAŽLIVÝ | KOSTI |
| TĚLO | PLICNÍ |
| SRDCE | RESPIRAČNÍ |
| SLABÝ | ZDRAVÍ |
| GENETICKÝ | SYNDROM |
| DĚDIČNÝ | TERAPIE |

# 85 - Univers

```
A  Y  V  Z  V  F  G  B  O  H  U  Y  J  D  P  J
M  T  N  E  E  I  M  O  N  O  R  T  S  A  O  V
T  A  M  D  B  D  X  P  B  R  O  T  R  L  L  I
E  R  Z  O  K  D  P  Y  K  I  W  B  M  E  O  D
Y  V  V  A  S  H  V  M  C  Z  P  P  Y  K  K  I
Y  O  Ě  A  N  F  O  L  P  O  R  K  S  O  O  T
T  N  R  S  T  H  É  O  A  N  H  Í  I  H  U  E
L  U  O  T  D  L  T  R  V  T  C  N  A  L  L  L
M  L  K  E  I  X  A  L  A  G  U  V  X  E  E  N
C  S  R  R  Ý  A  S  T  R  O  N  O  M  D  E  Ý
N  O  U  O  Y  K  Y  S  O  L  Á  R  N  Í  N  E
H  Á  H  I  A  A  S  D  D  T  M  Ě  S  Í  C  Z
U  O  K  D  G  L  V  E  S  M  Í  R  N  Ý  W  P
P  E  X  L  G  V  S  B  B  O  B  Í  H  A  T  D
S  I  D  Y  O  P  Y  E  N  E  X  K  K  G  C  D
S  Z  A  B  N  N  D  N  B  U  N  P  J  H  C  P
```

| | |
|---|---|
| ASTEROID | HORIZONT |
| ASTRONOM | NÁKLON |
| ASTRONOMIE | MĚSÍC |
| ATMOSFÉRA | TMA |
| NEBESKÝ | OBÍHAT |
| NEBE | SOLÁRNÍ |
| VESMÍRNÝ | SLUNOVRAT |
| ROVNÍK | DALEKOHLED |
| GALAXIE | VIDITELNÝ |
| POLOKOULE | ZVĚROKRUH |

# 86 - Géographie

```
X O D G L A I Í N R E V E S A J
E J V H M X X Ě K O E V U E B G
H N G N F K Y M I R M G C L R L
W I T J J K E E A R O H I U Z E
V M V G H T M Z M P A H C O S M
T Z N A T I T R O H A J Y K N Ě
H J I H M U X U Ř X K L O Ě Á S
D R V R V Y E A E N E L F M E T
Ú Z E M Í Z Á P A D Ř N Y E C O
W X R P U T D H X S U A R Z O B
B V X T Z P P C P V U A X M V R
P O L O K O U L E Ě F I D X U R
W R H P N H A G U T Z J B I A Y
W T N E N I T N O K M X Z V Y G
P S A T L A S V X S K Y H G C E
R O V N Í K Í N D E L O P G M A
```

| | |
|---|---|
| ATLAS | SVĚT |
| MAPA | HORA |
| KONTINENT | SEVERNÍ |
| ROVNÍK | OCEÁN |
| ŘEKA | ZÁPAD |
| ZEMĚKOULE | ZEMĚ |
| POLOKOULE | REGION |
| OSTROV | JIH |
| MOŘE | ÚZEMÍ |
| POLEDNÍK | MĚSTO |

# 87 - Bâtiments

```
S  E  A  I  Y  G  W  D  A  R  H  N  Y  G  T  X
S  T  O  S  X  O  C  O  I  H  O  T  E  L  J  N
M  Y  A  L  O  D  O  T  S  V  K  A  B  I  N  A
T  B  N  D  N  U  A  O  S  X  A  E  Y  U  A  T
C  N  L  T  I  J  K  B  U  L  N  D  I  G  T  I
I  J  Í  N  K  Ó  M  S  P  K  R  Z  L  Ř  S  Z
U  Y  D  V  Ě  Ž  N  E  E  X  Á  V  N  O  M  R
O  D  T  H  H  Á  B  R  R  A  V  T  E  T  T  E
B  H  N  B  A  R  S  V  M  W  O  T  R  A  G  V
M  P  T  V  Z  A  X  A  A  C  T  P  C  R  P  I
E  U  T  D  G  G  Š  T  R  O  R  J  P  O  S  N
V  R  Z  S  A  B  K  O  K  A  E  D  G  B  S  U
H  O  Y  E  J  U  O  Ř  E  L  X  M  C  A  N  Z
T  O  L  J  U  A  L  A  T  G  U  K  V  L  E  V
L  X  W  R  M  M  A  N  E  M  O  C  N  I  C  E
S  I  L  E  Z  J  G  W  B  P  W  O  R  V  M  F
```

| | |
|---|---|
| BYT | LABORATOŘ |
| DÍLNA | MUZEUM |
| KABINA | OBSERVATOŘ |
| HRAD | STADIÓN |
| KINO | SUPERMARKET |
| ŠKOLA | STAN |
| GARÁŽ | DIVADLO |
| STODOLA | VĚŽ |
| NEMOCNICE | UNIVERZITA |
| HOTEL | TOVÁRNA |

# 88 - Activités et Loisirs

```
I  S  M  T  B  U  H  C  M  T  K  B  U  S  K  Y
Y  P  X  U  E  J  R  I  B  X  O  A  M  N  V  B
M  M  R  R  F  C  Y  C  C  Z  G  S  Ě  D  L  D
K  X  D  I  Y  T  N  H  M  Í  T  K  N  W  K  L
O  K  M  S  S  X  T  E  I  N  Í  E  Í  B  O  X
N  G  S  T  V  N  P  J  V  Á  N  T  N  P  G  M
Í  L  C  I  F  L  A  F  R  V  Á  B  Č  O  O  A
Č  A  L  K  R  Y  B  O  L  O  V  A  A  T  L  L
K  B  A  A  T  V  D  K  L  P  A  L  X  Á  F  O
Y  T  B  N  B  E  K  G  X  U  L  D  A  P  X  V
C  O  J  P  E  E  N  X  G  K  P  P  L  Ě  T  Á
Y  F  E  R  S  D  S  I  G  A  K  Y  E  N  C  N
R  D  L  F  G  D  D  A  S  N  K  T  R  Í  B  Í
P  O  O  V  W  C  K  N  B  V  I  L  H  T  T  F
O  E  V  J  X  B  R  K  E  M  P  O  V  Á  N  Í
Z  O  H  L  W  X  S  U  R  F  O  V  Á  N  Í  P
```

| | |
|---|---|
| NAKUPOVÁNÍ | KONÍČKY |
| UMĚNÍ | MALOVÁNÍ |
| BASEBALL | RYBOLOV |
| BASKETBAL | POTÁPĚNÍ |
| BOX | TURISTIKA |
| KEMPOVÁNÍ | RELAXAČNÍ |
| FOTBAL | SURFOVÁNÍ |
| GOLF | TENIS |
| PLAVÁNÍ | VOLEJBAL |

# 89 - Livres

```
F H F P T B X C G N Č H V E X Z
N T I Z Ř E P Z H A T I L A U D
F R G S Z Í R F I D E U H J G A
Z A R Z T S B E E A N V Z E V P
U G A Y X O J Ě L Ř Á Y Z T C V
X I E S E X R G H S Ř N Á M O R
Í C V L T V O I S I F A A L H S
N K P U N M T M C I L L L V K L
R Ý O Ň O O U T G K I É B Y N R
Á H E E K I A B F J Ý Z M P S J
R A Z S T R Á N K A N A A R K Z
E L I Á D A R D L X P V K A O Z
T P E B S G N H R I I Ý R V X B
I U O R E L E V A N T N Í Ě Y K
L G J S A L D N Y G V E B Č P S
M T U D O B R O D R U Ž S T V Í
```

AUTOR
DOBRODRUŽSTVÍ
SBÍRKA
KONTEXT
DUALITA
EPOS
PŘÍBĚH
HISTORICKÝ
VTIPNÝ
VYNALÉZAVÝ

ČTENÁŘ
LITERÁRNÍ
VYPRAVĚČ
STRÁNKA
RELEVANTNÍ
BÁSEŇ
POEZIE
ROMÁN
ŘADA
TRAGICKÝ

# 90 - Pays #2

```
I U K R A J I N A N F F A D I J
R G Y Z H A I T I H D V G Á N A
S O A L C Ň K N Z O E I M N D P
K N H J L E O J V A V O A S O O
O R L M R K T B A U W L L K N N
S O M Á L S K O O M M D B O É S
J A N K F I P T C P A K Á B S K
X L K T G Y D W Z M M J N I I O
S D R U F Y Z G G G O K I X E M
S C Y U F R A N C I E H E S S R
A Ú Z K S J I S B L Y Y I H T F
B Č D M A K Y D E Y V N R N L J
R Í V Á D R O X N H R I Ý Z M H
R N I H N Á T S I K Á P S J E V
O A X Y X L I B A N O N M B L W
X E G M U G A N D A H O C A Z P
```

ALBÁNIE                LAOS
ČÍNA                   LIBANON
DÁNSKO                 MEXIKO
FRANCIE                UGANDA
HAITI                  PÁKISTÁN
INDONÉSIE              RUSKO
IRSKO                  SOMÁLSKO
JAMAJKA                SÚDÁN
JAPONSKO               SÝRIE
KEŇA                   UKRAJINA

# 91 - Fournitures d'Art

```
N Á P A D Y V F W X F V W N F J
V V T F J J Y K Z U O A R G F S
C P C R P A G V O C T N B B Y T
T Z L Y R M V T V O O J R I R G
M P W C R G S W Y J A D O V P A
U N R V X L B H O F P M P L E N
V N K S Y D U R Í P A P U S M T
B T V M H D F D Y V R A B G T M
N D D T I G X C E Č Á T R A K A
D C T S O V I Ř O V T O A L P K
Y K Ž U T P A S T E L Y K H T V
F I M O Y O E P T L Í Y O Y G A
O N A K Y A J C N D J W R W S R
B F Y N B V A A X I X T T K U E
O L D I P E L T N Ž S T Ů L A L
O L E J D Ř E V Ě N É U H L Í Y
```

AKRYL
AKVARELY
JÍL
KARTÁČE
FOTOAPARÁT
ŽIDLE
DŘEVĚNÉ UHLÍ
STOJAN
LEPIDLO
BARVY

TUŽKY
TVOŘIVOST
VODA
INKOUST
GUMA
OLEJ
NÁPADY
PAPÍR
PASTELY
STŮL

# 92 - Jazz

```
O P Í S E Ň T N B I J S V T Y R
R C V W F P S T P A G W T E O H
C A R E L H M P E P O D T C E Y
H L E T A D A L K S L P S H S Y
E B Y S B I C Í Ý R A T S N R E
S U E T T R E C N O K E Z I D U
T M N N S D L W V K G B L K U D
R E O E X P Ě S A J X M E A M G
M J V L K G M Y L W C R R B O F
S V Ý A W J U X S O Ž Á N R B S
C M E T L T B S G L Ž M N V L R
B B E E W N W F H Ó X E I W Í Y
L R H U D B A V G S G M N K B T
X I M P R O V I Z A C E L Í E M
G S D W A O I V B W P B N J N U
U R Z L U A F M C N M D K X É S
```

| | |
|---|---|
| ALBUM | HUDBA |
| UMĚLEC | NOVÝ |
| SLAVNÝ | ORCHESTR |
| PÍSEŇ | RYTMUS |
| SKLADATEL | SÓLO |
| SLOŽENÍ | STYL |
| KONCERT | TALENT |
| OBLÍBENÉ | BICÍ |
| ŽÁNR | TECHNIKA |
| IMPROVIZACE | STARÝ |

# 93 - Paysages

```
J  M  O  P  O  U  A  D  B  U  E  W  F  S  I  F
E  M  Ú  T  U  N  D  R  A  S  G  W  D  O  H  L
S  B  F  D  V  M  X  V  O  R  T  S  O  P  O  V
K  Ť  Š  U  O  P  K  C  S  C  S  P  A  K  R  N
Y  U  W  F  R  L  U  N  E  I  E  Ž  W  A  A  X
N  L  J  N  T  R  Í  Z  J  E  G  Á  A  D  V  X
Ě  T  O  G  S  V  T  J  E  S  L  L  N  L  O  H
O  T  O  V  O  Z  S  S  E  P  V  P  S  E  D  E
Y  I  I  A  O  L  Ú  K  H  Z  J  D  Y  D  O  T
K  F  F  R  L  I  S  I  Y  O  E  I  U  O  P  X
K  P  P  Y  O  Z  K  K  R  Á  L  R  B  V  Á  O
O  N  V  S  P  B  U  K  J  Z  U  C  O  E  D  N
P  Z  X  Y  M  E  R  D  Y  A  A  I  Y  C  O  S
E  B  G  G  R  U  A  Y  M  O  Ř  E  R  M  X  U
C  Z  Z  S  J  O  N  P  B  A  Ž  I  N  A  U  B
N  Ř  E  K  A  E  N  D  P  L  B  P  G  L  S  D
```

| | |
|---|---|
| VODOPÁD | BAŽINA |
| KOPEC | MOŘE |
| POUŠŤ | HORA |
| ÚSTÍ | OÁZA |
| ŘEKA | OCEÁN |
| GEJZÍR | POLOOSTROV |
| JESKYNĚ | PLÁŽ |
| LEDOVEC | TUNDRA |
| OSTROV | ÚDOLÍ |
| JEZERO | SOPKA |

# 94 - Pays #1

```
E A T X V I I M N F M G B Z K X
O K S L O P Z A I I A A V P T H
U Y V A J P R L K N F M R C O Z
J N C Á M V A I A S G A Š O C G
J Í L N D W E V R K H N P K K J
L P W Y O O L H A Ó Á A A S H O
O I A A U S R C G K N P N R H K
E L B R N D H W U S I K Ě O C C
X I N Y V C Z W A N S Y L N A E
J F E Z E I D N I U T W S W L M
B R A Z Í L I E I M Á T K R O Ě
I X D C O F N A Y U N W O I S N
T G A N F H F B N R J W Z U A E
C U N C H D A R G E N T I N A M
P P A V E N E Z U E L A P J T A
Y S K J C T W S C D N P K O Y L
```

AFGHÁNISTÁN
NĚMECKO
ARGENTINA
BRAZÍLIE
KANADA
ŠPANĚLSKO
EKVÁDOR
FINSKO
INDIE
IZRAEL

LIBYE
MALI
MAROKO
NIKARAGUA
NORSKO
PANAMA
FILIPÍNY
POLSKO
RUMUNSKO
VENEZUELA

# 95 - Nombres

```
S  Y  L  A  D  P  K  F  O  N  E  F  D  A  Č  R
F  X  H  A  G  U  M  Z  M  F  D  Y  E  I  T  S
O  S  M  N  Á  C  T  K  A  X  L  Š  V  G  Y  N
B  O  T  S  E  D  M  N  Á  C  T  E  A  B  Ř  D
L  P  T  P  O  Z  N  C  F  L  E  S  T  D  I  E
B  X  T  R  L  T  M  J  U  P  C  T  E  E  Y  V
P  V  I  B  G  O  S  D  K  H  A  N  N  S  J  Ě
Y  G  A  C  C  H  W  W  F  N  V  Á  Á  E  G  T
M  T  C  C  W  Y  S  R  B  Y  D  C  C  T  J  K
D  E  S  E  T  C  Á  N  I  Ř  T  T  T  I  C  O
E  O  V  L  C  Ě  S  N  Ř  X  S  C  J  N  J  J
S  U  N  E  Á  R  P  W  T  C  E  Á  Y  N  G  U
N  V  R  T  N  B  K  F  D  W  Š  N  P  Ý  R  T
W  L  P  Z  R  V  N  I  D  L  B  T  W  Y  A  M
D  V  D  V  T  C  Á  N  A  V  D  A  L  U  N  S
G  A  Z  K  Č  H  O  F  M  Y  A  P  S  Y  H  X
```

PĚT
DVA
DESETINNÝ
DESET
OSMNÁCT
DEVATENÁCT
SEDMNÁCT
DVANÁCT
OSM
DEVĚT

ČTRNÁCT
ČTYŘI
PATNÁCT
ŠESTNÁCT
SEDM
ŠEST
TŘINÁCT
TŘI
DVACET
NULA

# 96 - Psychologie

```
Z D N Z N B X N D D V V Y N T M
F N Y W Í E T Á N Ě N N N Y J Y
U A W U N F M P S E T J S M J Š
C H O V Á N Í A W X V S T S S L
O R E P V T H D L C D Ě T Z X E
S E M R O T G Y Y B W I D V O N
O G O E N K O N F L I K T O Í K
B O C A E V N Í M Á N Í V C M Y
N X E L M Ý M O D Ě V D O P O Ý
O B V I J K T E R A P I E G F Z
S D X T I C O P Y J T N B G D H
T X T A P I T S O N E Š U K Z X
O E P P Í N E Z U O S O P G U N
F E S T L I J R V I J M S V X D
B F Y M É L B O R P C S W J X K
K K E E Z K A P O K L U C S D B
```

| | |
|---|---|
| KLINICKÝ | MYŠLENKY |
| CHOVÁNÍ | VNÍMÁNÍ |
| KONFLIKT | OSOBNOST |
| EGO | PROBLÉM |
| DĚTSTVÍ | JMENOVÁNÍ |
| ZKUŠENOSTI | REALITA |
| EMOCE | SNY |
| POSOUZENÍ | POCIT |
| NÁPADY | PODVĚDOMÝ |
| NEVĚDOMÝ | TERAPIE |

# 97 - Nature

```
F  Z  J  U  B  Y  M  S  N  A  K  U  H  L  C  J
O  C  W  U  Ý  K  C  I  M  A  N  Y  D  G  W  D
B  A  G  A  T  A  Ř  Í  V  Z  Ř  E  K  A  T  L
V  M  U  H  D  R  Ú  T  O  Č  I  Š  T  Ě  X  V
Y  Í  A  L  I  M  O  M  R  P  L  F  O  B  U  S
K  N  J  M  V  A  K  P  H  L  B  L  B  V  O  M
A  L  I  I  O  K  J  F  I  C  D  M  T  S  M  I
R  Á  I  Y  K  T  S  P  N  C  E  V  O  D  E  L
K  T  A  D  Ý  A  K  R  M  A  K  E  M  J  Z  L
T  I  W  Ě  N  Y  T  A  V  S  U  Ý  R  A  O  Y
I  V  D  V  D  Ý  G  H  P  Á  F  T  O  S  R  Y
C  V  Č  E  L  Y  N  O  Y  R  O  H  E  H  E  S
K  P  O  U  Š  Ť  W  R  E  K  E  M  S  Y  T  F
Ý  A  X  L  I  S  T  Y  F  E  G  I  T  D  Z  O
T  N  D  J  Y  V  A  Y  R  Z  J  X  Y  A  V  C
J  E  U  P  P  Y  H  X  P  X  E  T  B  S  M  G
```

| | |
|---|---|
| VČELY | ŘEKA |
| ÚTOČIŠTĚ | LES |
| ZVÍŘATA | LEDOVEC |
| ARKTICKÝ | HORY |
| KRÁSA | MRAKY |
| MLHA | SVATYNĚ |
| POUŠŤ | DIVOKÝ |
| DYNAMICKÝ | KLIDNÝ |
| EROZE | TROPICKÝ |
| LIST | VITÁLNÍ |

# 98 - Chimie

```
V C S G C D V G H K K W Z A T V
G L M J A H N U E A I Y Z N X O
P Z E C D É L Ů S T Z U S I D D
E V Z Y U K A Ó V A F H D L R Í
L X K L A C S M R L X D H A Í K
E G V S X I G Y L Y O M E P H K
K U B V R L O Z V Z F M C A M N
T P D E B A L N T Á Z A J K O V
R H R P M K P E T T P L Y N T P
O J T J Y L E Y M O M G K R N T
N U X I V A T Ý N R E D A J O E
A T O M O V Ý A Y A U V M S S P
U H L Í K K B W S E K D F K T L
K Y S E L I N A L U K E L O M O
P Z J F L O N P O P W P C M O T
R H W Z S U N L V G V H J B Y A
```

| | |
|---|---|
| KYSELINA | VODÍK |
| ALKALICKÉ | IONT |
| ATOMOVÝ | KAPALINA |
| UHLÍK | KOVY |
| KATALYZÁTOR | MOLEKULA |
| TEPLO | JADERNÝ |
| CHLÓR | KYSLÍK |
| ENZYM | HMOTNOST |
| ELEKTRON | SŮL |
| PLYN | TEPLOTA |

# 99 - Bateaux

```
X  V  J  B  S  S  L  L  C  V  K  P  E  T  Y  S
P  P  A  V  I  L  Í  Ř  P  K  A  D  L  S  N  B
L  R  C  O  K  J  K  Í  N  Ř  O  M  Á  N  Á  W
A  T  H  R  K  U  G  Y  Y  L  V  T  R  M  M  I
P  D  T  R  Á  Ž  O  T  S  E  B  W  V  U  O  C
H  L  A  Y  N  L  V  V  L  M  M  M  J  A  Ř  C
O  L  A  J  O  P  H  V  N  B  L  L  L  K  N  R
N  V  Z  C  E  Ř  O  M  T  B  Y  A  N  D  Í  K
K  V  P  L  H  F  S  G  X  R  D  N  F  Á  O  Z
O  C  E  Á  N  E  D  G  W  O  A  O  O  S  E  T
Z  G  J  D  K  D  T  T  D  T  K  J  I  O  Y  R
O  X  Ó  Y  X  G  E  N  E  O  E  H  E  P  E  G
B  O  B  S  D  R  L  P  I  M  Ř  J  D  K  Y  R
G  L  C  G  C  P  W  R  E  C  U  U  F  R  T  Y
U  P  R  J  L  B  P  T  N  L  E  N  R  A  H  E
K  A  J  A  K  U  F  N  A  W  J  E  Z  E  R  O
```

| | |
|---|---|
| KOTVA | NÁMOŘNÍK |
| BÓJE | STOŽÁR |
| KÁNOE | MOŘE |
| LANO | MOTOR |
| POSÁDKA | NÁMOŘNÍ |
| TRAJEKT | OCEÁN |
| ŘEKA | VOR |
| KAJAK | VLNY |
| JEZERO | PLACHETNICE |
| PŘÍLIV | JACHTA |

# 100 - Mesures

```
B  M  F  Z  F  B  T  K  H  L  D  É  L  K  A  K
K  A  I  B  N  W  S  M  M  E  J  B  O  C  T  Z
E  B  J  R  H  A  Y  M  O  S  Z  D  D  I  N  L
K  G  T  T  L  A  A  X  T  V  J  S  O  C  I  R
Y  S  G  E  O  W  Z  A  N  Y  Ý  H  R  U  P  K
R  K  I  M  U  U  Z  H  O  M  V  Š  G  O  X  A
A  E  K  O  B  Y  O  K  S  B  U  V  K  V  U  A
C  Z  C  L  K  M  U  H  T  V  T  Z  D  A  W  R
K  F  E  I  A  M  E  V  E  I  H  K  H  S  G  U
H  S  L  K  E  B  J  A  G  M  M  I  E  A  R  L
G  R  A  M  A  R  G  O  L  I  K  L  H  M  E  P
Ň  E  P  U  T  S  Ý  N  N  I  T  E  S  E  D  Š
A  J  W  Z  U  T  U  N  C  E  T  J  S  Y  K  Í
L  D  O  T  N  G  L  Ó  T  E  W  R  T  E  M  Ř
S  F  Z  I  I  I  R  T  E  M  I  T  N  E  C  K
U  D  K  V  M  D  Z  H  W  U  R  V  G  X  H  A
```

| | |
|---|---|
| CENTIMETR | METR |
| STUPEŇ | MINUTA |
| DESETINNÝ | BAJT |
| GRAM | UNCE |
| VÝŠKA | PINTA |
| KILOGRAM | HMOTNOST |
| KILOMETR | PALEC |
| ŠÍŘKA | HLOUBKA |
| LITR | TÓN |
| DÉLKA | OBJEM |

## 1 - Adjectifs #2

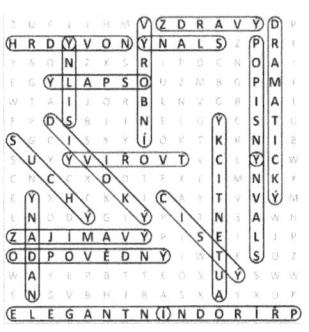

## 2 - Formes

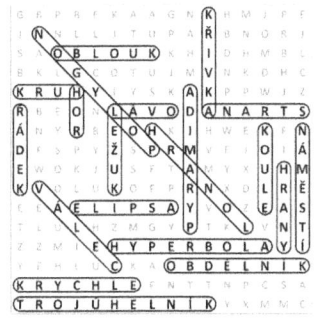

## 3 - Force et Gravité

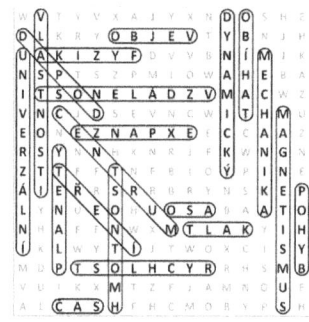

## 4 - Adjectifs #1

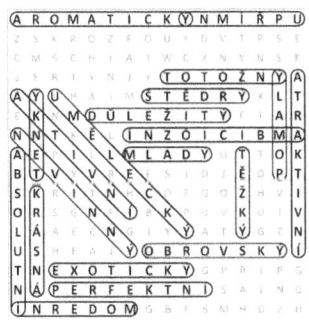

## 5 - Instruments de Musique

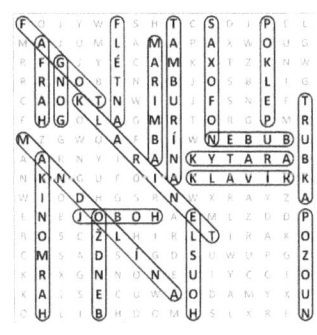

## 6 - Herboristerie

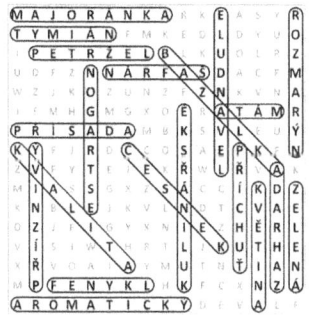

## 7 - Photographie

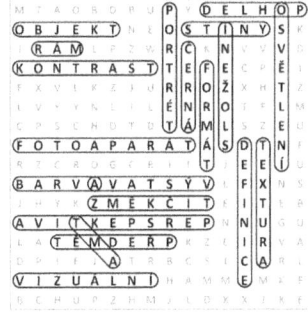

## 8 - Véhicules

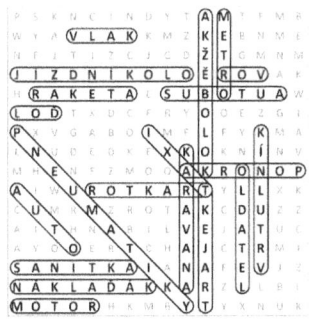

## 9 - Camping

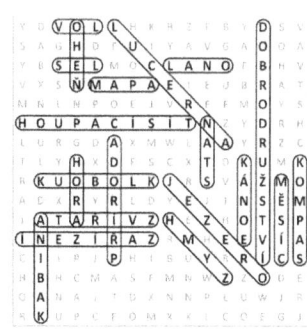

## 10 - Écologie

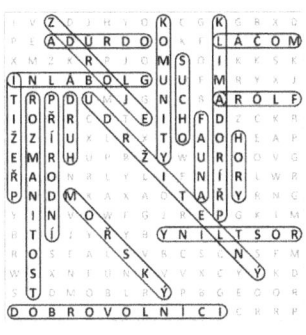

## 11 - Géométrie

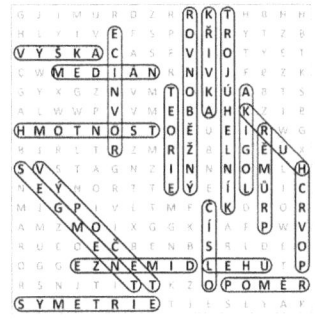

## 12 - Les Médias

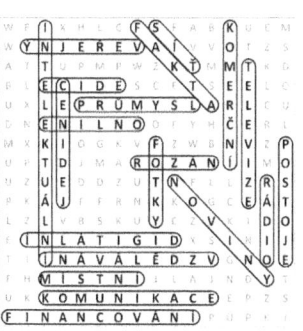

## 13 - Philanthropie

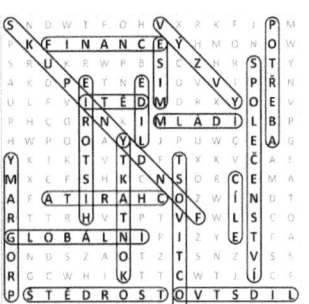

## 14 - Diplomatie

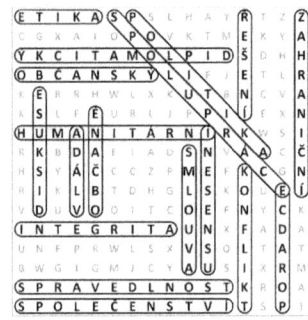

## 15 - Astronomie

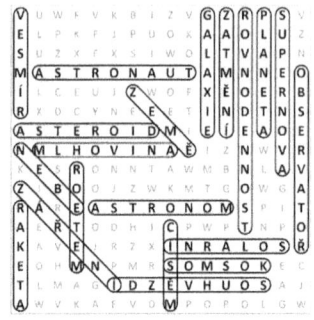

## 16 - Physique

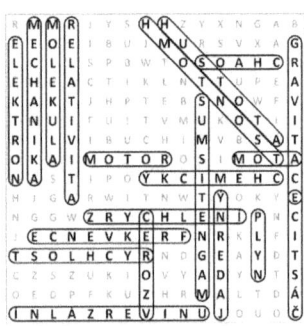

## 17 - Types de Cheveux

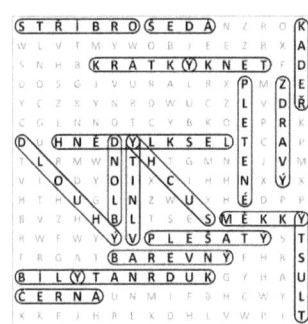

## 18 - Archéologie

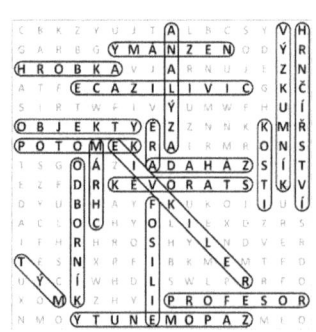

## 19 - Mammifères

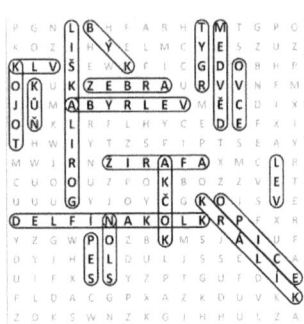

## 20 - Chocolat

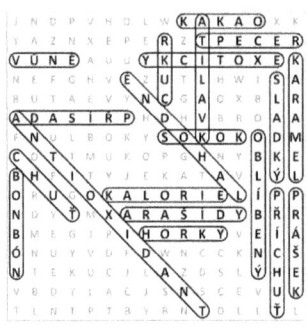

## 21 - Mathématiques

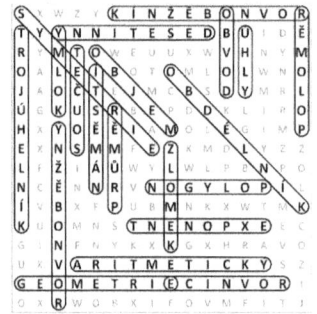

## 22 - Mythologie

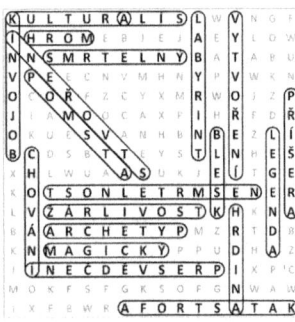

## 23 - Restaurant #2

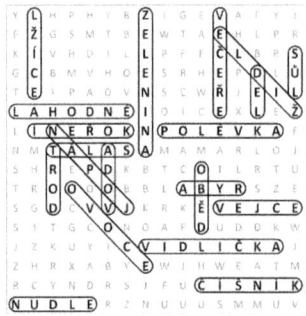

## 24 - Beauté

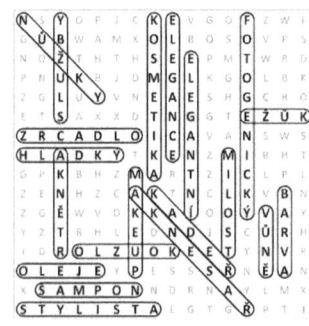

## 25 - Avions

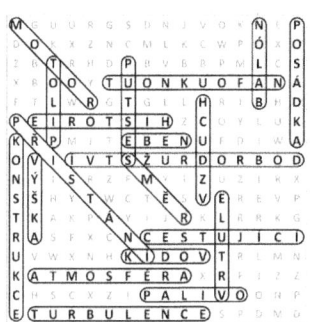

## 26 - Aventure

## 27 - Ville

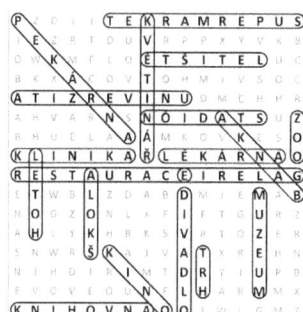

## 28 - Ingénierie

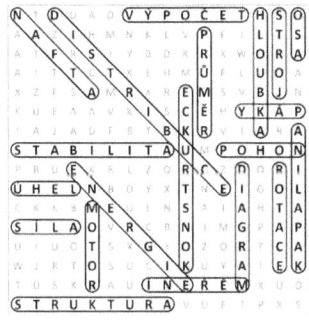

## 29 - Énergie

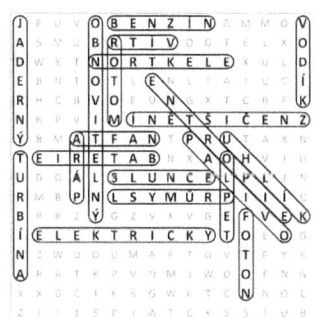

## 30 - Corps Humain

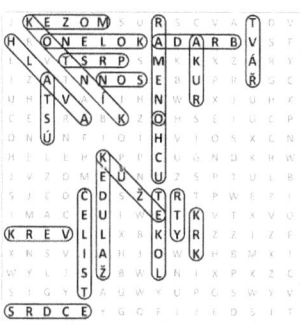

## 31 - Biologie

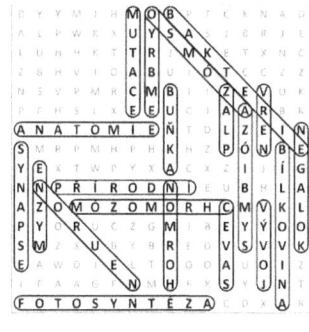

## 32 - Épices

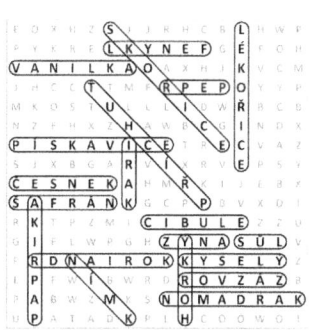

## 33 - Agronomie

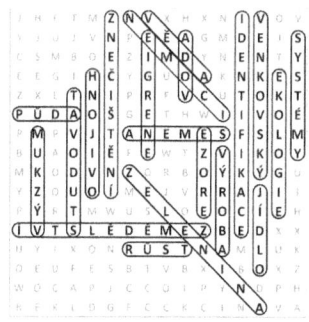

## 34 - Science

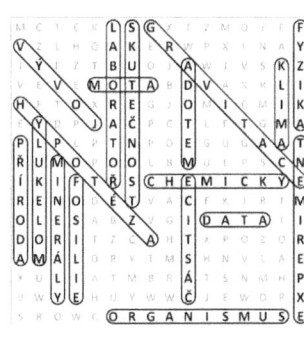

## 35 - Vêtements

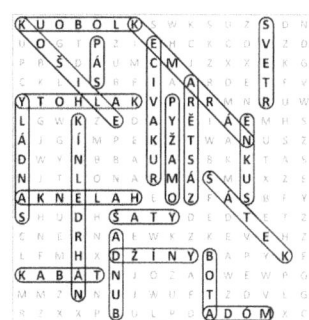

## 36 - Méditation

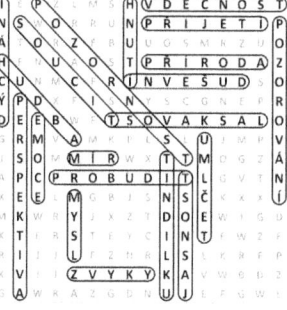

## 37 - Littérature

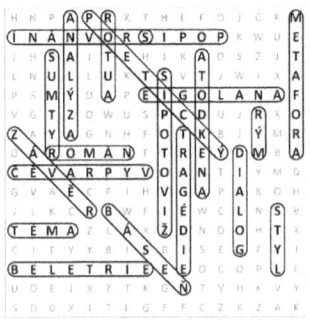

## 38 - Nourriture #1

## 39 - Jours et Mois

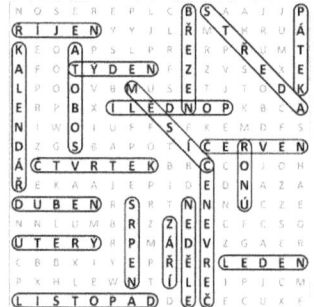

## 40 - Entreprise

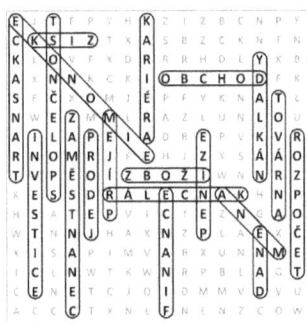

## 41 - Activités

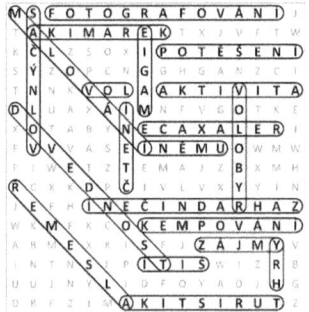

## 42 - Mode

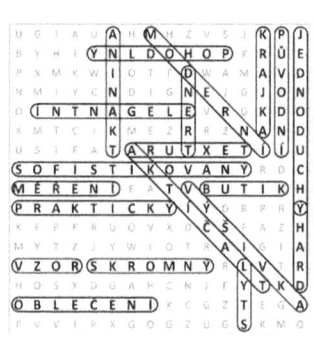

## 43 - Fleurs

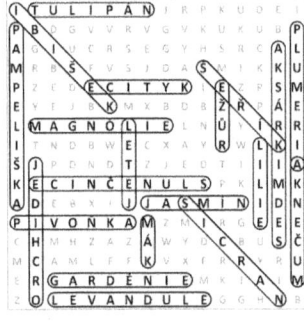

## 44 - Nourriture #2

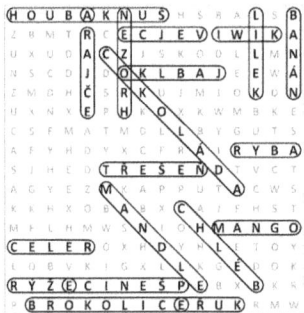

## 45 - Algèbre

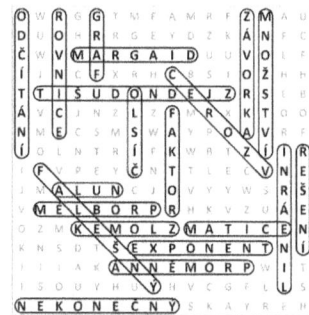

## 46 - Océan

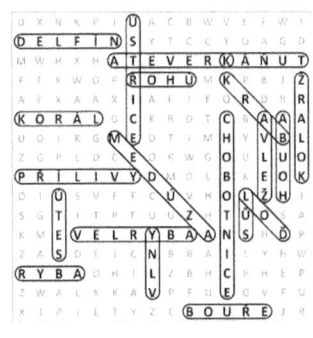

## 47 - Remplir

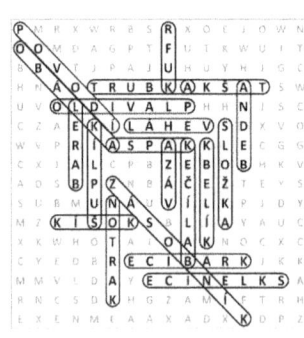

## 48 - Antiquités

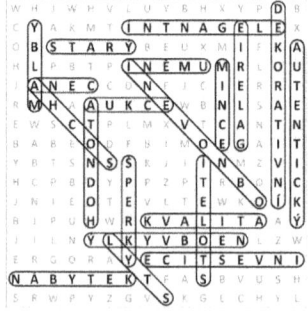

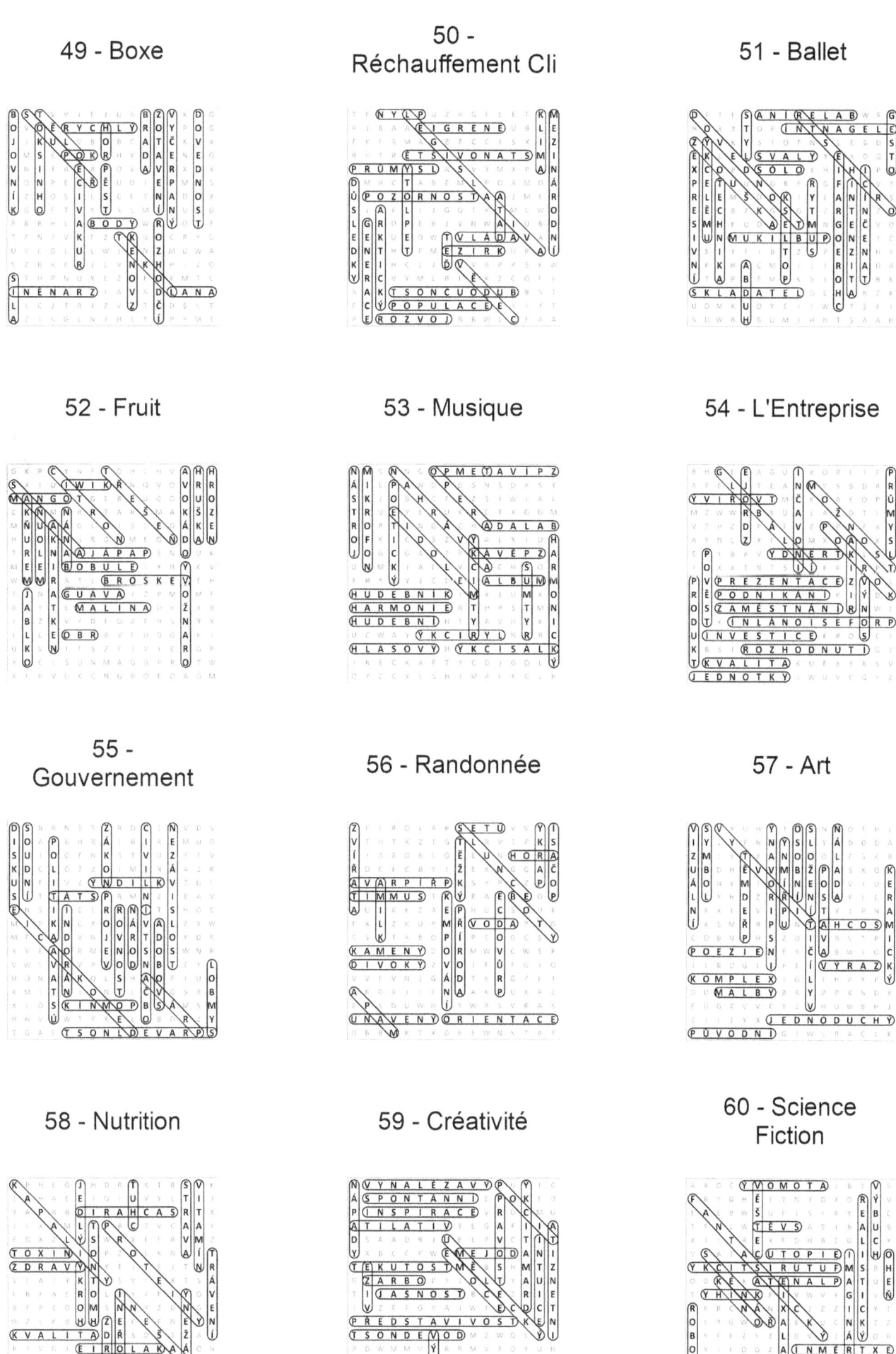

### 49 - Boxe

### 50 - Réchauffement Cli

### 51 - Ballet

### 52 - Fruit

### 53 - Musique

### 54 - L'Entreprise

### 55 - Gouvernement

### 56 - Randonnée

### 57 - Art

### 58 - Nutrition

### 59 - Créativité

### 60 - Science Fiction

## 61 - Professions #1

## 62 - Géologie

## 63 - Jardin

## 64 - Santé et Bien Être #1

## 65 - Barbecues

## 66 - Forêt Tropicale

## 67 - Ferme #1

## 68 - Café

## 69 - Antarctique

## 70 - Professions #2

## 71 - Les Abeilles

## 72 - Santé et Bien Être #2

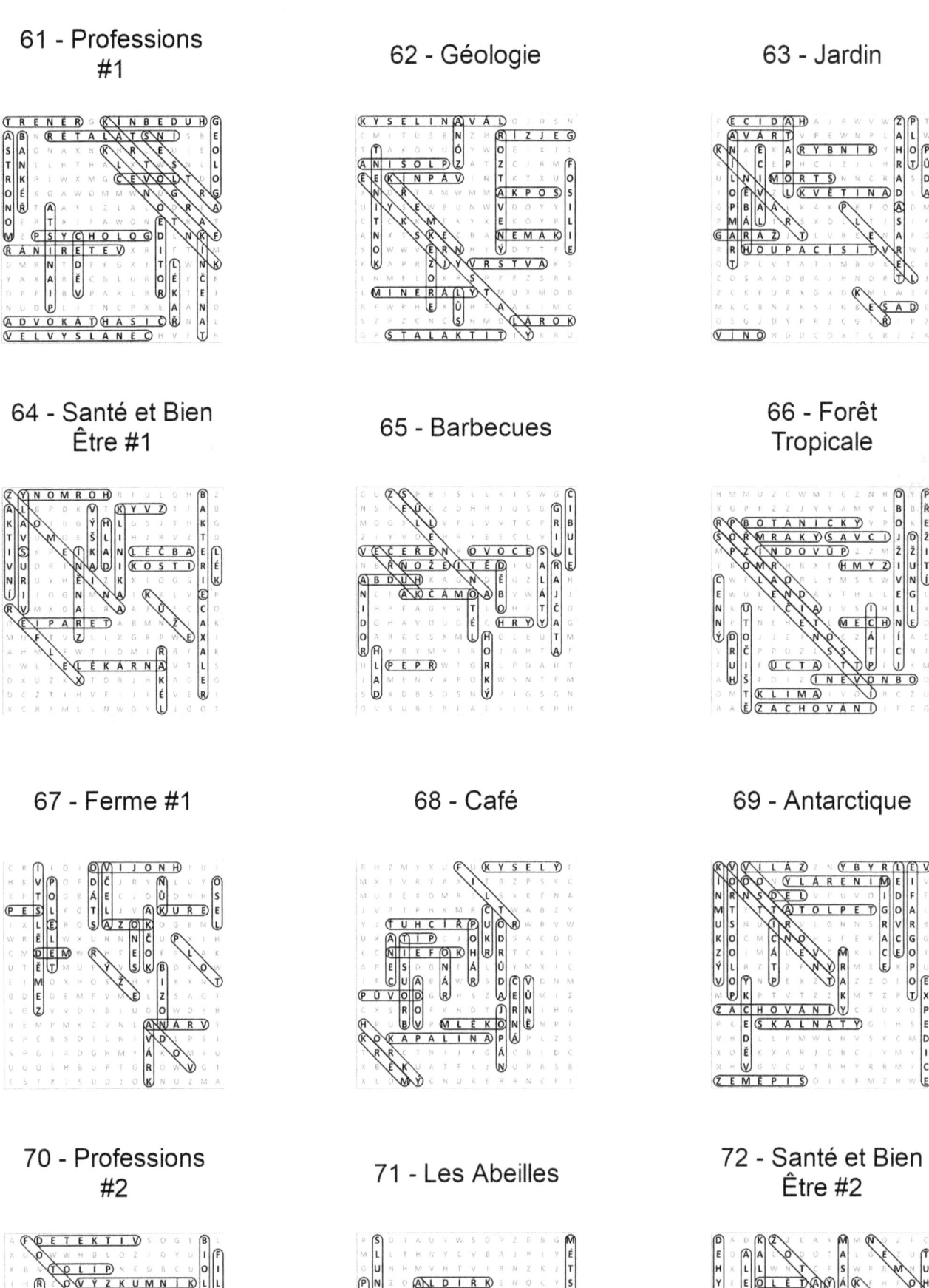

## 73 - Conduite

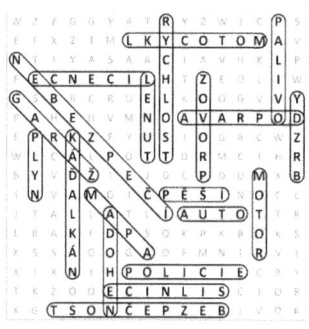

## 74 - Plantes

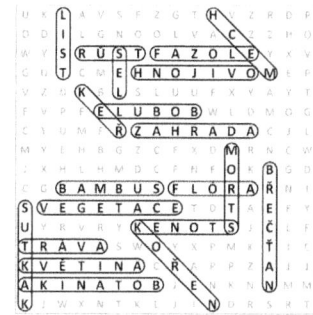

## 75 - Ferme #2

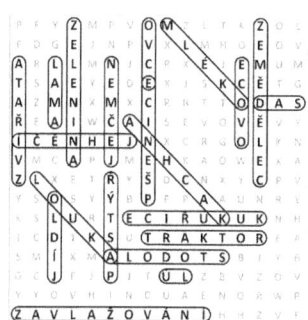

## 76 - Vacances #2

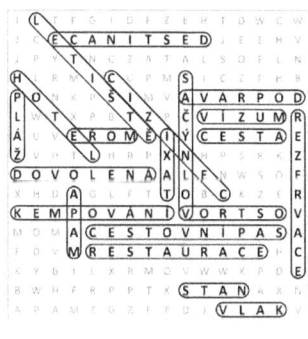

## 77 - Éthique

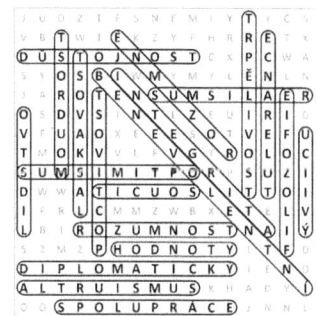

## 78 - Temps

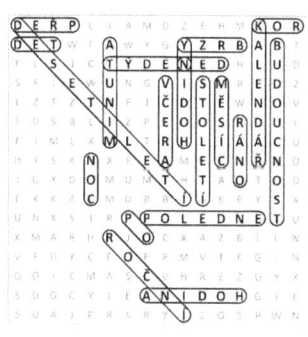

## 79 - Maison

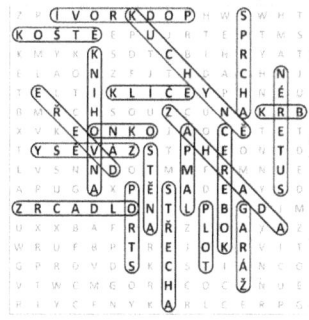

## 80 - Légumes

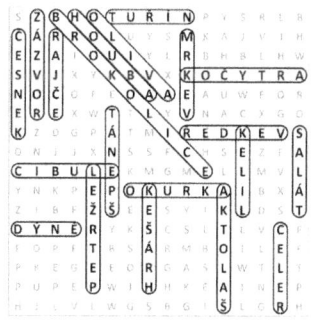

## 81 - Famille

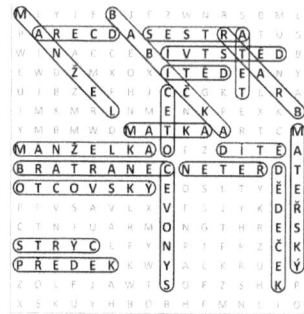

## 82 - Oiseaux

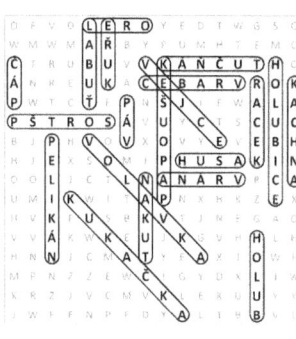

## 83 - Disciplines Scientifiques

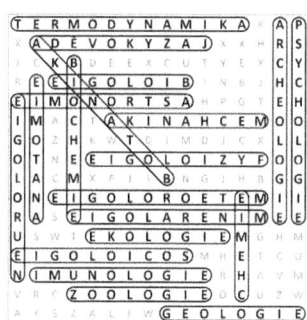

## 84 - Maladie

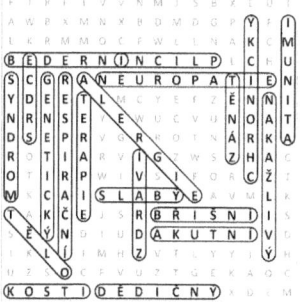

## 85 - Univers

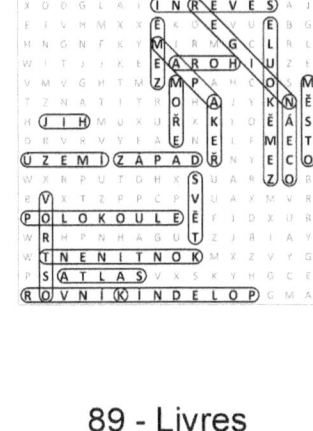

## 86 - Géographie

## 87 - Bâtiments

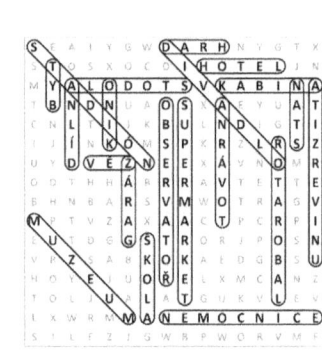

## 88 - Activités et Loisirs

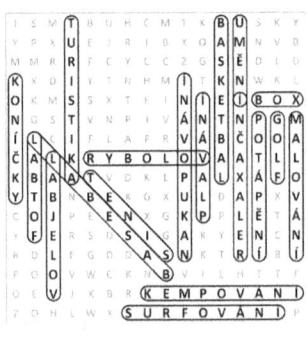

## 89 - Livres

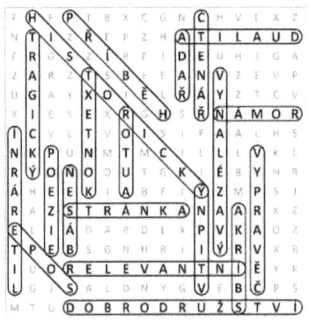

## 90 - Pays #2

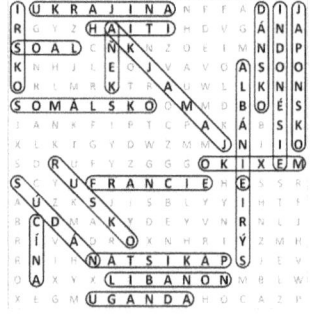

## 91 - Fournitures d'Art

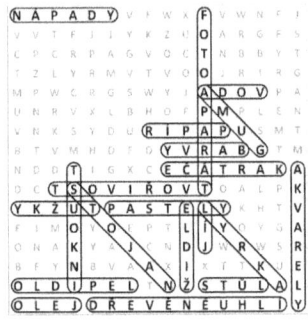

## 92 - Jazz

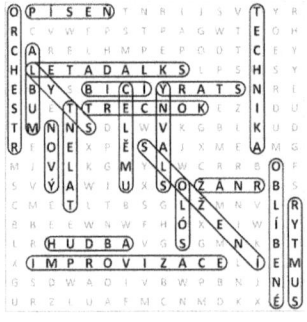

## 93 - Paysages

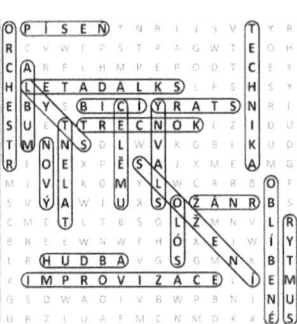

## 94 - Pays #1

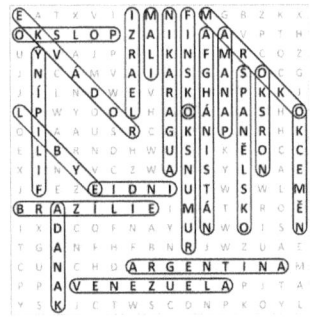

## 95 - Nombres

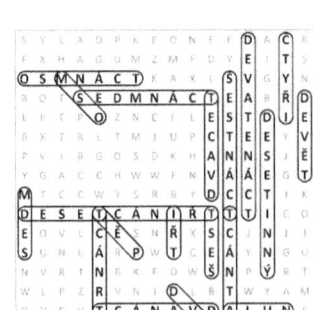

## 96 - Psychologie

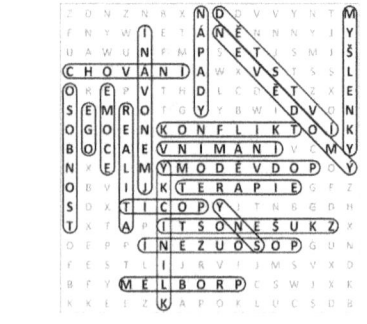

## 97 - Nature

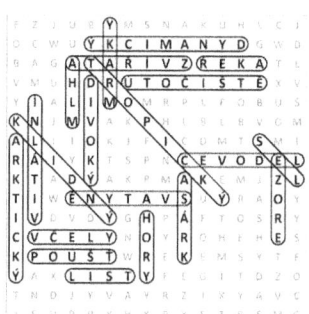

## 98 - Chimie

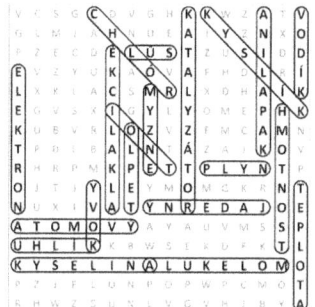

## 99 - Bateaux

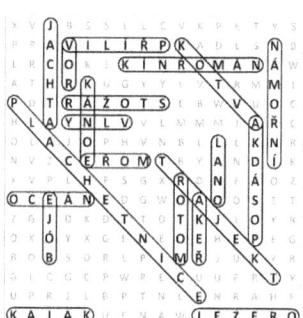

## 100 - Mesures

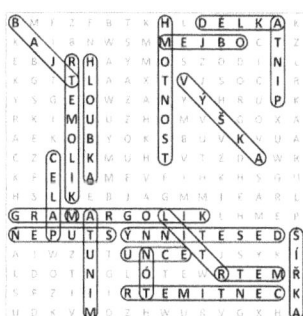

# Dictionnaire

## Activités
### Aktivity

| | |
|---|---|
| Activité | Aktivita |
| Art | Umění |
| Artisanat | Řemesla |
| Camping | Kempování |
| Céramique | Keramika |
| Chasse | Lov |
| Compétence | Dovednost |
| Couture | Šití |
| Intérêts | Zájmy |
| Jardinage | Zahradničení |
| Jeux | Hry |
| Lecture | Čtení |
| Loisir | Volný Čas |
| Magie | Magie |
| Peinture | Malování |
| Pêche | Rybolov |
| Photographie | Fotografování |
| Plaisir | Potěšení |
| Randonnée | Turistika |
| Relaxation | Relaxace |

## Activités et Loisirs
### Aktivity a Volný Čas

| | |
|---|---|
| Achats | Nakupování |
| Art | Umění |
| Base-Ball | Baseball |
| Basket-Ball | Basketbal |
| Boxe | Box |
| Camping | Kempování |
| Football | Fotbal |
| Golf | Golf |
| Jardinage | Zahradničení |
| Nager | Plavání |
| Passe-Temps | Koníčky |
| Peinture | Malování |
| Pêche | Rybolov |
| Plongée | Potápění |
| Randonnée | Turistika |
| Relaxant | Relaxační |
| Surf | Surfování |
| Tennis | Tenis |
| Volley-Ball | Volejbal |
| Voyage | Cestovat |

## Adjectifs #1
### Přídavná Jména #1

| | |
|---|---|
| Absolu | Absolutní |
| Actif | Aktivní |
| Ambitieux | Ambiciózní |
| Aromatique | Aromatický |
| Artistique | Umělecký |
| Attractif | Atraktivní |
| Beau | Krásná |
| Exotique | Exotický |
| Énorme | Obrovský |
| Généreux | Štědrý |
| Honnête | Upřímný |
| Identique | Totožný |
| Important | Důležitý |
| Innocent | Nevinný |
| Jeune | Mladý |
| Lent | Pomalý |
| Lourd | Těžký |
| Mince | Tenký |
| Moderne | Moderní |
| Parfait | Perfektní |

## Adjectifs #2
### Přídavná Jména #2

| | |
|---|---|
| Authentique | Autentický |
| Célèbre | Slavný |
| Créatif | Tvořivý |
| Descriptif | Popisný |
| Doué | Nadaný |
| Dramatique | Dramatický |
| Élégant | Elegantní |
| Fier | Hrdý |
| Fort | Silný |
| Intéressant | Zajímavý |
| Naturel | Přírodní |
| Nouveau | Nový |
| Productif | Výrobní |
| Pur | Čistý |
| Responsable | Odpovědný |
| Sain | Zdravý |
| Salé | Slaný |
| Sauvage | Divoký |
| Sec | Suchý |
| Somnolent | Ospalý |

## Agronomie
### Agronomie

| | |
|---|---|
| Agriculture | Zemědělství |
| Croissance | Růst |
| Eau | Voda |
| Engrais | Hnojivo |
| Écologie | Ekologie |
| Énergie | Energie |
| Érosion | Eroze |
| Étude | Studovat |
| Graines | Semena |
| Identification | Identifikace |
| Légumes | Zelenina |
| Maladies | Nemoci |
| Nourriture | Jídlo |
| Pollution | Znečištění |
| Production | Výroba |
| Recherche | Výzkum |
| Rural | Venkovský |
| Science | Věda |
| Sol | Půda |
| Systèmes | Systémy |

## Algèbre
### Algebry

| | |
|---|---|
| Diagramme | Diagram |
| Exposant | Exponent |
| Équation | Rovnice |
| Facteur | Faktor |
| Faux | Falešný |
| Formule | Vzorec |
| Fraction | Zlomek |
| Graphique | Graf |
| Infini | Nekonečný |
| Linéaire | Lineární |
| Matrice | Matice |
| Nombre | Číslo |
| Parenthèse | Závorka |
| Problème | Problém |
| Quantité | Množství |
| Simplifier | Zjednodušit |
| Solution | Řešení |
| Soustraction | Odčítání |
| Variable | Proměnná |
| Zéro | Nula |

## Antarctique
### Antarktida

| | |
|---|---|
| **Baie** | Záliv |
| **Baleines** | Velryby |
| **Chercheur** | Výzkumník |
| **Conservation** | Zachování |
| **Continent** | Kontinent |
| **Eau** | Voda |
| **Expédition** | Expedice |
| **Géographie** | Zeměpis |
| **Glace** | Led |
| **Glaciers** | Ledovce |
| **Îles** | Ostrovy |
| **Migration** | Migrace |
| **Minéraux** | Minerály |
| **Nuage** | Mraky |
| **Oiseaux** | Ptáci |
| **Péninsule** | Poloostrov |
| **Rocheux** | Skalnatý |
| **Scientifique** | Vědecký |
| **Température** | Teplota |
| **Topographie** | Topografie |

## Antiquités
### Starožitnosti

| | |
|---|---|
| **Art** | Umění |
| **Authentique** | Autentický |
| **Bijoux** | Šperky |
| **Décoratif** | Dekorativní |
| **Enchères** | Aukce |
| **Élégant** | Elegantní |
| **Galerie** | Galerie |
| **Inhabituel** | Neobvyklý |
| **Investissement** | Investice |
| **Meubles** | Nábytek |
| **Peintures** | Malby |
| **Pièces** | Mince |
| **Prix** | Cena |
| **Qualité** | Kvalita |
| **Restauration** | Obnovení |
| **Sculpture** | Socha |
| **Siècle** | Století |
| **Style** | Styl |
| **Valeur** | Hodnota |
| **Vieux** | Starý |

## Archéologie
### Archeologie

| | |
|---|---|
| **Analyse** | Analýza |
| **Antiquité** | Starověk |
| **Chercheur** | Výzkumník |
| **Civilisation** | Civilizace |
| **Descendant** | Potomek |
| **Expert** | Odborník |
| **Ère** | Éra |
| **Équipe** | Tým |
| **Évaluation** | Hodnocení |
| **Fossile** | Fosilie |
| **Inconnu** | Neznámý |
| **Mystère** | Záhada |
| **Objets** | Objekty |
| **Os** | Kosti |
| **Oublié** | Zapomenutý |
| **Poterie** | Hrnčířství |
| **Professeur** | Profesor |
| **Relique** | Relikvie |
| **Temple** | Chrám |
| **Tombe** | Hrobka |

## Art
### Umění

| | |
|---|---|
| **Céramique** | Keramický |
| **Complexe** | Komplex |
| **Composition** | Složení |
| **Créer** | Vytvořit |
| **Dépeindre** | Vylíčit |
| **Expression** | Výraz |
| **Figure** | Postava |
| **Honnête** | Upřímný |
| **Humeur** | Nálada |
| **Inspiré** | Inspirovaný |
| **Original** | Původní |
| **Peintures** | Malby |
| **Personnel** | Osobní |
| **Poésie** | Poezie |
| **Sculpture** | Socha |
| **Simple** | Jednoduchý |
| **Sujet** | Předmět |
| **Surréalisme** | Surrealismus |
| **Symbole** | Symbol |
| **Visuel** | Vizuální |

## Astronomie
### Astronomie

| | |
|---|---|
| **Astéroïde** | Asteroid |
| **Astronaute** | Astronaut |
| **Astronome** | Astronom |
| **Ciel** | Nebe |
| **Constellation** | Souhvězdí |
| **Cosmos** | Kosmos |
| **Éclipse** | Zatmění |
| **Équinoxe** | Rovnodennost |
| **Fusée** | Raketa |
| **Galaxie** | Galaxie |
| **Lune** | Měsíc |
| **Météore** | Meteor |
| **Nébuleuse** | Mlhovina |
| **Observatoire** | Observatoř |
| **Planète** | Planeta |
| **Radiation** | Záření |
| **Solaire** | Solární |
| **Supernova** | Supernova |
| **Terre** | Země |
| **Univers** | Vesmír |

## Aventure
### Dobrodružství

| | |
|---|---|
| **Activité** | Aktivita |
| **Beauté** | Krása |
| **Bravoure** | Statečnost |
| **Chance** | Šance |
| **Dangereux** | Nebezpečný |
| **Destination** | Destinace |
| **Difficulté** | Obtížnost |
| **Enthousiasme** | Nadšení |
| **Excursion** | Výlet |
| **Inhabituel** | Neobvyklý |
| **Itinéraire** | Itinerář |
| **Joie** | Radost |
| **Nature** | Příroda |
| **Navigation** | Navigace |
| **Nouveau** | Nový |
| **Opportunité** | Příležitost |
| **Préparation** | Příprava |
| **Sécurité** | Bezpečnost |
| **Surprenant** | Překvapivý |
| **Voyages** | Cestuje |

## Avions
### Letadla

| | |
|---|---|
| **Air** | Vzduch |
| **Atmosphère** | Atmosféra |
| **Atterrissage** | Přistání |
| **Aventure** | Dobrodružství |
| **Ballon** | Balón |
| **Carburant** | Palivo |
| **Ciel** | Nebe |
| **Construction** | Konstrukce |
| **Descente** | Sestup |
| **Direction** | Směr |
| **Équipage** | Posádka |
| **Gonfler** | Nafouknout |
| **Hauteur** | Výška |
| **Hélices** | Vrtule |
| **Histoire** | Historie |
| **Hydrogène** | Vodík |
| **Moteur** | Motor |
| **Passager** | Cestující |
| **Pilote** | Pilot |
| **Turbulence** | Turbulence |

## Ballet
### Baletu

| | |
|---|---|
| **Applaudissement** | Potlesk |
| **Artistique** | Umělecký |
| **Ballerine** | Balerína |
| **Chorégraphie** | Choreografie |
| **Compétence** | Dovednost |
| **Compositeur** | Skladatel |
| **Danseurs** | Tanečníci |
| **Expressif** | Expresivní |
| **Geste** | Gesto |
| **Gracieux** | Elegantní |
| **Intensité** | Intenzita |
| **Muscles** | Svaly |
| **Musique** | Hudba |
| **Orchestre** | Orchestr |
| **Public** | Publikum |
| **Répétition** | Zkouška |
| **Rythme** | Rytmus |
| **Solo** | Sólo |
| **Style** | Styl |
| **Technique** | Technika |

## Barbecues
### Grilování

| | |
|---|---|
| **Chaud** | Horký |
| **Couteaux** | Nože |
| **Déjeuner** | Oběd |
| **Dîner** | Večeře |
| **Enfants** | Děti |
| **Été** | Léto |
| **Faim** | Hlad |
| **Famille** | Rodina |
| **Fruit** | Ovoce |
| **Gril** | Gril |
| **Jeux** | Hry |
| **Légumes** | Zelenina |
| **Musique** | Hudba |
| **Oignons** | Cibule |
| **Poivre** | Pepř |
| **Poulet** | Kuře |
| **Salades** | Saláty |
| **Sauce** | Omáčka |
| **Sel** | Sůl |
| **Tomates** | Rajčata |

## Bateaux
### Lodě

| | |
|---|---|
| **Ancre** | Kotva |
| **Bouée** | Bóje |
| **Canoë** | Kánoe |
| **Corde** | Lano |
| **Équipage** | Posádka |
| **Ferry** | Trajekt |
| **Fleuve** | Řeka |
| **Kayak** | Kajak |
| **Lac** | Jezero |
| **Marée** | Příliv |
| **Marin** | Námořník |
| **Mât** | Stožár |
| **Mer** | Moře |
| **Moteur** | Motor |
| **Nautique** | Námořní |
| **Océan** | Oceán |
| **Radeau** | Vor |
| **Vagues** | Vlny |
| **Voilier** | Plachetnice |
| **Yacht** | Jachta |

## Bâtiments
### Budovy

| | |
|---|---|
| **Appartement** | Byt |
| **Atelier** | Dílna |
| **Cabine** | Kabina |
| **Château** | Hrad |
| **Cinéma** | Kino |
| **École** | Škola |
| **Garage** | Garáž |
| **Grange** | Stodola |
| **Hôpital** | Nemocnice |
| **Hôtel** | Hotel |
| **Laboratoire** | Laboratoř |
| **Musée** | Muzeum |
| **Observatoire** | Observatoř |
| **Stade** | Stadión |
| **Supermarché** | Supermarket |
| **Tente** | Stan |
| **Théâtre** | Divadlo |
| **Tour** | Věž |
| **Université** | Univerzita |
| **Usine** | Továrna |

## Beauté
### Krása

| | |
|---|---|
| **Boucles** | Kadeř |
| **Charme** | Kouzlo |
| **Ciseaux** | Nůžky |
| **Cosmétique** | Kosmetika |
| **Couleur** | Barva |
| **Élégance** | Elegance |
| **Élégant** | Elegantní |
| **Grâce** | Milost |
| **Huiles** | Oleje |
| **Lisse** | Hladký |
| **Maquillage** | Makeup |
| **Mascara** | Řasenka |
| **Miroir** | Zrcadlo |
| **Parfum** | Vůně |
| **Peau** | Kůže |
| **Photogénique** | Fotogenický |
| **Rouge à Lèvres** | Rtěnka |
| **Services** | Služby |
| **Shampooing** | Šampon |
| **Styliste** | Stylista |

## Biologie
### Biologie

| | |
|---|---|
| **Anatomie** | Anatomie |
| **Bactéries** | Bakterie |
| **Cellule** | Buňka |
| **Chromosome** | Chromozóm |
| **Collagène** | Kolagen |
| **Embryon** | Embryo |
| **Enzyme** | Enzym |
| **Évolution** | Vývoj |
| **Hormone** | Hormon |
| **Mammifère** | Savec |
| **Mutation** | Mutace |
| **Naturel** | Přírodní |
| **Nerf** | Nerv |
| **Neurone** | Neuron |
| **Osmose** | Osmóza |
| **Photosynthèse** | Fotosyntéza |
| **Protéine** | Bílkovina |
| **Reptile** | Plaz |
| **Symbiose** | Symbióza |
| **Synapse** | Synapse |

## Boxe
### Boxování

| | |
|---|---|
| **Adversaire** | Soupeř |
| **Arbitre** | Rozhodčí |
| **Blessures** | Zranění |
| **Cloche** | Zvonek |
| **Coin** | Roh |
| **Combattant** | Bojovník |
| **Compétence** | Dovednost |
| **Concentrer** | Ohnisko |
| **Cordes** | Lana |
| **Corps** | Tělo |
| **Coude** | Loket |
| **Coup** | Kop |
| **Épuisé** | Vyčerpaný |
| **Force** | Síla |
| **Gants** | Rukavice |
| **Menton** | Brada |
| **Poing** | Pěst |
| **Points** | Body |
| **Rapide** | Rychlý |
| **Récupération** | Zotavení |

## Café
### Káva

| | |
|---|---|
| **Acide** | Kyselý |
| **Amer** | Horký |
| **Arôme** | Vůně |
| **Boire** | Pít |
| **Boisson** | Nápoj |
| **Caféine** | Kofein |
| **Crème** | Krém |
| **Eau** | Voda |
| **Filtre** | Filtr |
| **Lait** | Mléko |
| **Liquide** | Kapalina |
| **Matin** | Ráno |
| **Moudre** | Brousit |
| **Noir** | Černá |
| **Origine** | Původ |
| **Prix** | Cena |
| **Saveur** | Příchuť |
| **Sucre** | Cukr |
| **Tasse** | Pohár |
| **Variété** | Odrůda |

## Camping
### Kempování

| | |
|---|---|
| **Animaux** | Zvířata |
| **Aventure** | Dobrodružství |
| **Boussole** | Kompas |
| **Cabine** | Kabina |
| **Canoë** | Kánoe |
| **Carte** | Mapa |
| **Chapeau** | Klobouk |
| **Chasse** | Lov |
| **Corde** | Lano |
| **Équipement** | Zařízení |
| **Feu** | Oheň |
| **Forêt** | Les |
| **Hamac** | Houpací Sít |
| **Insecte** | Hmyz |
| **Lac** | Jezero |
| **Lanterne** | Lucerna |
| **Lune** | Měsíc |
| **Montagne** | Hora |
| **Nature** | Příroda |
| **Tente** | Stan |

## Chimie
### Chemie

| | |
|---|---|
| **Acide** | Kyselina |
| **Alcalin** | Alkalické |
| **Atomique** | Atomový |
| **Carbone** | Uhlík |
| **Catalyseur** | Katalyzátor |
| **Chaleur** | Teplo |
| **Chlore** | Chlór |
| **Enzyme** | Enzym |
| **Électron** | Elektron |
| **Gaz** | Plyn |
| **Hydrogène** | Vodík |
| **Ion** | Iont |
| **Liquide** | Kapalina |
| **Métaux** | Kovy |
| **Molécule** | Molekula |
| **Nucléaire** | Jaderný |
| **Oxygène** | Kyslík |
| **Poids** | Hmotnost |
| **Sel** | Sůl |
| **Température** | Teplota |

## Chocolat
### Čokoláda

| | |
|---|---|
| **Amer** | Horký |
| **Antioxydant** | Antioxidant |
| **Arôme** | Vůně |
| **Bonbon** | Bonbón |
| **Cacahuètes** | Arašídy |
| **Cacao** | Kakao |
| **Calories** | Kalorie |
| **Caramel** | Karamel |
| **Délicieux** | Lahodné |
| **Doux** | Sladký |
| **Exotique** | Exotický |
| **Favori** | Oblíbený |
| **Goût** | Chuť |
| **Ingrédient** | Přísada |
| **Noix de Coco** | Kokos |
| **Poudre** | Prášek |
| **Qualité** | Kvalita |
| **Recette** | Recept |
| **Saveur** | Příchuť |
| **Sucre** | Cukr |

## Conduite
### Řízení

| | |
|---|---|
| **Accident** | Nehoda |
| **Camion** | Náklaďák |
| **Carburant** | Palivo |
| **Carte** | Mapa |
| **Danger** | Nebezpečí |
| **Freins** | Brzdy |
| **Garage** | Garáž |
| **Gaz** | Plyn |
| **Licence** | Licence |
| **Moteur** | Motor |
| **Moto** | Motocykl |
| **Piéton** | Pěší |
| **Police** | Policie |
| **Route** | Silnice |
| **Sécurité** | Bezpečnost |
| **Trafic** | Provoz |
| **Transport** | Doprava |
| **Tunnel** | Tunel |
| **Vitesse** | Rychlost |
| **Voiture** | Auto |

## Corps Humain
### Lidské Tělo

| | |
|---|---|
| **Bouche** | Ústa |
| **Cerveau** | Mozek |
| **Cheville** | Kotník |
| **Cou** | Krk |
| **Coude** | Loket |
| **Cœur** | Srdce |
| **Doigt** | Prst |
| **Estomac** | Žaludek |
| **Épaule** | Rameno |
| **Genou** | Koleno |
| **Lèvres** | Rty |
| **Main** | Ruka |
| **Mâchoire** | Čelist |
| **Menton** | Brada |
| **Nez** | Nos |
| **Oreille** | Ucho |
| **Peau** | Kůže |
| **Sang** | Krev |
| **Tête** | Hlava |
| **Visage** | Tvář |

## Créativité
### Kreativita

| | |
|---|---|
| **Artistique** | Umělecký |
| **Authenticité** | Pravost |
| **Clarté** | Jasnost |
| **Compétence** | Dovednost |
| **Dramatique** | Dramatický |
| **Expression** | Výraz |
| **Émotions** | Emoce |
| **Fluidité** | Tekutost |
| **Idées** | Nápady |
| **Image** | Obraz |
| **Imagination** | Představivost |
| **Impression** | Dojem |
| **Inspiration** | Inspirace |
| **Intensité** | Intenzita |
| **Intuition** | Intuice |
| **Inventif** | Vynalézavý |
| **Sensation** | Pocit |
| **Spontané** | Spontánní |
| **Visions** | Vize |
| **Vitalité** | Vitalita |

## Diplomatie
### Diplomacie

| | |
|---|---|
| **Ambassadeur** | Velvyslanec |
| **Citoyens** | Občané |
| **Civique** | Občanský |
| **Communauté** | Společenství |
| **Conflit** | Konflikt |
| **Conseiller** | Poradce |
| **Coopération** | Spolupráce |
| **Diplomatique** | Diplomatický |
| **Discussion** | Diskuse |
| **Éthique** | Etika |
| **Étranger** | Zahraniční |
| **Gouvernement** | Vláda |
| **Humanitaire** | Humanitární |
| **Intégrité** | Integrita |
| **Justice** | Spravedlnost |
| **Politique** | Politika |
| **Résolution** | Usnesení |
| **Sécurité** | Bezpečnostní |
| **Solution** | Řešení |
| **Traité** | Smlouva |

## Disciplines Scientifiques
### Vědecké Disciplíny

| | |
|---|---|
| **Anatomie** | Anatomie |
| **Archéologie** | Archeologie |
| **Astronomie** | Astronomie |
| **Biochimie** | Biochemie |
| **Biologie** | Biologie |
| **Botanique** | Botanika |
| **Chimie** | Chemie |
| **Écologie** | Ekologie |
| **Géologie** | Geologie |
| **Immunologie** | Imunologie |
| **Linguistique** | Jazykověda |
| **Mécanique** | Mechanika |
| **Météorologie** | Meteorologie |
| **Minéralogie** | Mineralogie |
| **Neurologie** | Neurologie |
| **Physiologie** | Fyziologie |
| **Psychologie** | Psychologie |
| **Sociologie** | Sociologie |
| **Thermodynamique** | Termodynamika |
| **Zoologie** | Zoologie |

## Entreprise
### Podnikání

| | |
|---|---|
| **Argent** | Peníze |
| **Boutique** | Obchod |
| **Budget** | Rozpočet |
| **Bureau** | Kancelář |
| **Carrière** | Kariéra |
| **Coût** | Náklady |
| **Devise** | Měna |
| **Employeur** | Zaměstnavatel |
| **Employé** | Zaměstnanec |
| **Entreprise** | Společnost |
| **Économie** | Ekonomie |
| **Finance** | Finance |
| **Impôts** | Daně |
| **Investissement** | Investice |
| **Marchandise** | Zboží |
| **Profit** | Zisk |
| **Revenu** | Příjem |
| **Transaction** | Transakce |
| **Usine** | Továrna |
| **Vente** | Prodej |

## Écologie
### Ekologie

| | |
|---|---|
| **Bénévoles** | Dobrovolníci |
| **Climat** | Klima |
| **Communautés** | Komunity |
| **Diversité** | Rozmanitost |
| **Durable** | Udržitelný |
| **Espèce** | Druh |
| **Faune** | Fauna |
| **Flore** | Flóra |
| **Global** | Globální |
| **Marais** | Močál |
| **Marin** | Mořský |
| **Montagnes** | Hory |
| **Nature** | Příroda |
| **Naturel** | Přírodní |
| **Plantes** | Rostliny |
| **Ressources** | Zdroje |
| **Sécheresse** | Sucho |
| **Survie** | Přežití |
| **Variété** | Odrůda |
| **Végétation** | Vegetace |

## Énergie
### Energie

| | |
|---|---|
| **Batterie** | Baterie |
| **Carbone** | Uhlík |
| **Carburant** | Palivo |
| **Chaleur** | Teplo |
| **Diesel** | Nafta |
| **Entropie** | Entropie |
| **Essence** | Benzín |
| **Électrique** | Elektrický |
| **Électron** | Elektron |
| **Hydrogène** | Vodík |
| **Industrie** | Průmysl |
| **Moteur** | Motor |
| **Nucléaire** | Jaderný |
| **Photon** | Foton |
| **Pollution** | Znečištění |
| **Renouvelable** | Obnovitelný |
| **Soleil** | Slunce |
| **Turbine** | Turbína |
| **Vapeur** | Pára |
| **Vent** | Vítr |

## Épices
### Koření

| | |
|---|---|
| **Aigre** | Kyselý |
| **Ail** | Česnek |
| **Amer** | Horký |
| **Anis** | Anýz |
| **Cannelle** | Skořice |
| **Cardamome** | Kardamon |
| **Coriandre** | Koriandr |
| **Cumin** | Kmín |
| **Curry** | Kari |
| **Fenouil** | Fenykl |
| **Fenugrec** | Pískavice |
| **Gingembre** | Zázvor |
| **Oignon** | Cibule |
| **Paprika** | Paprika |
| **Poivre** | Pepř |
| **Réglisse** | Lékořice |
| **Safran** | Šafrán |
| **Saveur** | Příchuť |
| **Sel** | Sůl |
| **Vanille** | Vanilka |

## Éthique
### Etiky

| | |
|---|---|
| **Altruisme** | Altruismus |
| **Bienveillant** | Benevolentní |
| **Compassion** | Soucit |
| **Coopération** | Spolupráce |
| **Dignité** | Důstojnost |
| **Diplomatique** | Diplomatický |
| **Gentillesse** | Laskavost |
| **Honnêteté** | Poctivost |
| **Humanité** | Lidstvo |
| **Intégrité** | Integrita |
| **Optimisme** | Optimismus |
| **Patience** | Trpělivost |
| **Philosophie** | Filozofie |
| **Raisonnable** | Rozumné |
| **Rationalité** | Rozumnost |
| **Respectueux** | Uctivý |
| **Réalisme** | Realismus |
| **Sagesse** | Moudrost |
| **Tolérance** | Tolerance |
| **Valeurs** | Hodnoty |

## Famille
### Rodinná

| | |
|---|---|
| **Ancêtre** | Předek |
| **Cousin** | Bratranec |
| **Enfance** | Dětství |
| **Enfant** | Dítě |
| **Enfants** | Děti |
| **Femme** | Manželka |
| **Fille** | Dcera |
| **Frère** | Bratr |
| **Grand-Mère** | Babička |
| **Grand-Père** | Dědeček |
| **Mari** | Manžel |
| **Maternel** | Mateřský |
| **Mère** | Matka |
| **Neveu** | Synovec |
| **Nièce** | Neteř |
| **Oncle** | Strýc |
| **Paternel** | Otcovský |
| **Père** | Otec |
| **Soeur** | Sestra |
| **Tante** | Teta |

## Ferme #1
### Farma #1

| | |
|---|---|
| **Abeille** | Včela |
| **Agriculture** | Zemědělství |
| **Âne** | Osel |
| **Bison** | Bizon |
| **Champ** | Pole |
| **Chat** | Kočka |
| **Cheval** | Kůň |
| **Chèvre** | Koza |
| **Chien** | Pes |
| **Clôture** | Plot |
| **Corbeau** | Vrána |
| **Eau** | Voda |
| **Engrais** | Hnojivo |
| **Foin** | Seno |
| **Miel** | Med |
| **Poulet** | Kuře |
| **Riz** | Rýže |
| **Troupeau** | Stádo |
| **Vache** | Kráva |
| **Veau** | Tele |

## Ferme #2
### Farma #2

| | |
|---|---|
| **Agneau** | Jehněčí |
| **Agriculteur** | Zemědělec |
| **Animaux** | Zvířata |
| **Berger** | Pastýř |
| **Blé** | Pšenice |
| **Canard** | Kachna |
| **Fruit** | Ovoce |
| **Grange** | Stodola |
| **Irrigation** | Zavlažování |
| **Lait** | Mléko |
| **Lama** | Lama |
| **Légume** | Zelenina |
| **Maïs** | Kukuřice |
| **Mouton** | Ovce |
| **Nourriture** | Jídlo |
| **Orge** | Ječmen |
| **Pré** | Louka |
| **Ruche** | Úl |
| **Tracteur** | Traktor |
| **Verger** | Sad |

## Fleurs
### Květiny

| | |
|---|---|
| **Bouquet** | Kytice |
| **Gardénia** | Gardénie |
| **Hibiscus** | Ibišek |
| **Jasmin** | Jasmín |
| **Jonquille** | Narcis |
| **Lavande** | Levandule |
| **Lilas** | Šeřík |
| **Lys** | Lilie |
| **Magnolia** | Magnólie |
| **Marguerite** | Sedmikráska |
| **Orchidée** | Orchidej |
| **Passiflore** | Mučenka |
| **Pavot** | Mák |
| **Pissenlit** | Pampeliška |
| **Pivoine** | Pivoňka |
| **Plumeria** | Plumeria |
| **Rose** | Růže |
| **Tournesol** | Slunečnice |
| **Trèfle** | Jetel |
| **Tulipe** | Tulipán |

## Force et Gravité
### Síla a Gravitace

| | |
|---|---|
| **Axe** | Osa |
| **Centre** | Centrum |
| **Découverte** | Objev |
| **Distance** | Vzdálenost |
| **Dynamique** | Dynamický |
| **Expansion** | Expanze |
| **Friction** | Tření |
| **Impact** | Dopad |
| **Magnétisme** | Magnetismus |
| **Mécanique** | Mechanika |
| **Mouvement** | Pohyb |
| **Orbite** | Obíhat |
| **Physique** | Fyzika |
| **Planètes** | Planety |
| **Poids** | Hmotnost |
| **Pression** | Tlak |
| **Propriétés** | Vlastnosti |
| **Temps** | Čas |
| **Universel** | Univerzální |
| **Vitesse** | Rychlost |

## Forêt Tropicale
### Deštný Prales

| | |
|---|---|
| **Amphibiens** | Obojživelníci |
| **Botanique** | Botanický |
| **Climat** | Klima |
| **Communauté** | Společenství |
| **Diversité** | Rozmanitost |
| **Espèce** | Druh |
| **Indigène** | Původní |
| **Insectes** | Hmyz |
| **Jungle** | Džungle |
| **Mammifères** | Savci |
| **Mousse** | Mech |
| **Nature** | Příroda |
| **Nuage** | Mraky |
| **Oiseaux** | Ptáci |
| **Précieux** | Cenný |
| **Préservation** | Zachování |
| **Refuge** | Útočiště |
| **Respect** | Úcta |
| **Restauration** | Obnovení |
| **Survie** | Přežití |

## Formes
### Obrazec

| | |
|---|---|
| **Arc** | Oblouk |
| **Bords** | Hrany |
| **Carré** | Náměstí |
| **Cercle** | Kruh |
| **Coin** | Roh |
| **Courbe** | Křivka |
| **Cône** | Kužel |
| **Côté** | Strana |
| **Cube** | Krychle |
| **Cylindre** | Válec |
| **Ellipse** | Elipsa |
| **Hyperbole** | Hyperbola |
| **Ligne** | Řádek |
| **Ovale** | Ovál |
| **Polygone** | Polygon |
| **Prisme** | Hranol |
| **Pyramide** | Pyramida |
| **Rectangle** | Obdélník |
| **Sphère** | Koule |
| **Triangle** | Trojúhelník |

## Fournitures d'Art
### Výtvarné Potřeby

| | |
|---|---|
| **Acrylique** | Akryl |
| **Aquarelles** | Akvarely |
| **Argile** | Jíl |
| **Brosses** | Kartáče |
| **Caméra** | Fotoaparát |
| **Chaise** | Židle |
| **Charbon** | Dřevěné Uhlí |
| **Chevalet** | Stojan |
| **Colle** | Lepidlo |
| **Couleurs** | Barvy |
| **Crayons** | Tužky |
| **Créativité** | Tvořivost |
| **Eau** | Voda |
| **Encre** | Inkoust |
| **Gomme** | Guma |
| **Huile** | Olej |
| **Idées** | Nápady |
| **Papier** | Papír |
| **Pastels** | Pastely |
| **Table** | Stůl |

## Fruit
### Ovoce

| | |
|---|---|
| **Abricot** | Meruňka |
| **Ananas** | Ananas |
| **Avocat** | Avokádo |
| **Baie** | Bobule |
| **Banane** | Banán |
| **Cerise** | Třešeň |
| **Citron** | Citron |
| **Figue** | Obr |
| **Framboise** | Malina |
| **Goyave** | Guava |
| **Kiwi** | Kiwi |
| **Mangue** | Mango |
| **Melon** | Meloun |
| **Nectarine** | Nektarinka |
| **Orange** | Oranžový |
| **Papaye** | Papája |
| **Pêche** | Broskev |
| **Poire** | Hruška |
| **Pomme** | Jablko |
| **Raisin** | Hrozen |

## Géographie
### Kategorie: Geografie

| | |
|---|---|
| **Atlas** | Atlas |
| **Carte** | Mapa |
| **Continent** | Kontinent |
| **Équateur** | Rovník |
| **Fleuve** | Řeka |
| **Globe** | Zeměkoule |
| **Hémisphère** | Polokoule |
| **Île** | Ostrov |
| **Mer** | Moře |
| **Méridien** | Poledník |
| **Monde** | Svět |
| **Montagne** | Hora |
| **Nord** | Severní |
| **Océan** | Oceán |
| **Ouest** | Západ |
| **Pays** | Země |
| **Région** | Region |
| **Sud** | Jih |
| **Territoire** | Území |
| **Ville** | Město |

## Géologie
### Geologie

| | |
|---|---|
| **Acide** | Kyselina |
| **Calcium** | Vápník |
| **Caverne** | Jeskyně |
| **Continent** | Kontinent |
| **Corail** | Korál |
| **Couche** | Vrstva |
| **Cristaux** | Krystaly |
| **Érosion** | Eroze |
| **Fondu** | Roztavený |
| **Fossile** | Fosilie |
| **Geyser** | Gejzír |
| **Lave** | Láva |
| **Minéraux** | Minerály |
| **Pierre** | Kámen |
| **Plateau** | Plošina |
| **Quartz** | Křemen |
| **Sel** | Sůl |
| **Stalactite** | Stalaktit |
| **Volcan** | Sopka |
| **Zone** | Zóna |

## Géométrie
### Geometrie

| | |
|---|---|
| **Angle** | Úhel |
| **Calcul** | Výpočet |
| **Cercle** | Kruh |
| **Courbe** | Křivka |
| **Diamètre** | Průměr |
| **Dimension** | Dimenze |
| **Équation** | Rovnice |
| **Hauteur** | Výška |
| **Logique** | Logika |
| **Masse** | Hmotnost |
| **Médian** | Medián |
| **Nombre** | Číslo |
| **Parallèle** | Rovnoběžný |
| **Proportion** | Poměr |
| **Segment** | Segment |
| **Surface** | Povrch |
| **Symétrie** | Symetrie |
| **Théorie** | Teorie |
| **Triangle** | Trojúhelník |
| **Vertical** | Vertikální |

## Gouvernement
### Vláda

| | |
|---|---|
| **Citoyenneté** | Občanství |
| **Civil** | Civilní |
| **Constitution** | Ústava |
| **Démocratie** | Demokracie |
| **Discours** | Projev |
| **Discussion** | Diskuse |
| **Droits** | Práva |
| **Égalité** | Rovnost |
| **État** | Stát |
| **Indépendance** | Nezávislost |
| **Judiciaire** | Soudní |
| **Justice** | Spravedlnost |
| **Liberté** | Svoboda |
| **Loi** | Zákon |
| **Monument** | Pomník |
| **Nation** | Národ |
| **National** | Národní |
| **Paisible** | Klidný |
| **Politique** | Politika |
| **Symbole** | Symbol |

## Herboristerie
### Bylinkářství

| | |
|---|---|
| **Ail** | Česnek |
| **Aromatique** | Aromatický |
| **Basilic** | Bazalka |
| **Bénéfique** | Příznivý |
| **Culinaire** | Kulinářské |
| **Estragon** | Estragon |
| **Fenouil** | Fenykl |
| **Fleur** | Květina |
| **Ingrédient** | Přísada |
| **Jardin** | Zahrada |
| **Lavande** | Levandule |
| **Marjolaine** | Majoránka |
| **Menthe** | Máta |
| **Persil** | Petržel |
| **Qualité** | Kvalita |
| **Romarin** | Rozmarýn |
| **Safran** | Šafrán |
| **Saveur** | Příchuť |
| **Thym** | Tymián |
| **Vert** | Zelená |

## Ingénierie
### Inženýrství

| | |
|---|---|
| Angle | Úhel |
| Axe | Osa |
| Calcul | Výpočet |
| Construction | Konstrukce |
| Diagramme | Diagram |
| Diamètre | Průměr |
| Diesel | Nafta |
| Distribution | Distribuce |
| Énergie | Energie |
| Force | Síla |
| Leviers | Páky |
| Liquide | Kapalina |
| Machine | Stroj |
| Mesure | Měření |
| Moteur | Motor |
| Profondeur | Hloubka |
| Propulsion | Pohon |
| Rotation | Rotace |
| Stabilité | Stabilita |
| Structure | Struktura |

## Instruments de Musique
### Hudební Nástroje

| | |
|---|---|
| Banjo | Bendžo |
| Basson | Fagot |
| Clarinette | Klarinet |
| Flûte | Flétna |
| Gong | Gong |
| Guitare | Kytara |
| Harmonica | Harmonika |
| Harpe | Harfa |
| Hautbois | Hoboj |
| Mandoline | Mandolína |
| Marimba | Marimba |
| Percussion | Poklep |
| Piano | Klavír |
| Saxophone | Saxofon |
| Tambour | Buben |
| Tambourin | Tamburína |
| Trombone | Pozoun |
| Trompette | Trubka |
| Violon | Housle |
| Violoncelle | Violoncello |

## Jardin
### Zahrada

| | |
|---|---|
| Arbre | Strom |
| Banc | Lavice |
| Buisson | Keř |
| Clôture | Plot |
| Étang | Rybník |
| Fleur | Květina |
| Garage | Garáž |
| Hamac | Houpací Sít |
| Herbe | Tráva |
| Jardin | Zahrada |
| Mauvaises Herbes | Plevel |
| Pelle | Lopata |
| Pelouse | Trávník |
| Râteau | Hrábě |
| Sol | Půda |
| Terrasse | Terasa |
| Trampoline | Trampolína |
| Tuyau | Hadice |
| Verger | Sad |
| Vigne | Víno |

## Jazz
### Jazz

| | |
|---|---|
| Album | Album |
| Artiste | Umělec |
| Célèbre | Slavný |
| Chanson | Píseň |
| Compositeur | Skladatel |
| Composition | Složení |
| Concert | Koncert |
| Favoris | Oblíbené |
| Genre | Žánr |
| Improvisation | Improvizace |
| Musique | Hudba |
| Nouveau | Nový |
| Orchestre | Orchestr |
| Rythme | Rytmus |
| Solo | Sólo |
| Style | Styl |
| Talent | Talent |
| Tambours | Bicí |
| Technique | Technika |
| Vieux | Starý |

## Jours et Mois
### Dny a Měsíce

| | |
|---|---|
| Août | Srpen |
| Avril | Duben |
| Calendrier | Kalendář |
| Dimanche | Neděle |
| Février | Únor |
| Janvier | Leden |
| Jeudi | Čtvrtek |
| Juillet | Červenec |
| Juin | Červen |
| Lundi | Pondělí |
| Mardi | Úterý |
| Mars | Březen |
| Mercredi | Středa |
| Mois | Měsíc |
| Novembre | Listopad |
| Octobre | Říjen |
| Samedi | Sobota |
| Semaine | Týden |
| Septembre | Září |
| Vendredi | Pátek |

## L'Entreprise
### Společnost

| | |
|---|---|
| Affaires | Podnikání |
| Créatif | Tvořivý |
| Décision | Rozhodnutí |
| Emploi | Zaměstnání |
| Global | Globální |
| Industrie | Průmysl |
| Innovant | Inovační |
| Investissement | Investice |
| Possibilité | Možnost |
| Présentation | Prezentace |
| Produit | Produkt |
| Professionnel | Profesionální |
| Progrès | Pokrok |
| Qualité | Kvalita |
| Ressources | Zdroje |
| Revenu | Výnos |
| Réputation | Pověst |
| Risques | Rizika |
| Tendances | Trendy |
| Unités | Jednotky |

## Les Abeilles
### Včely

| | |
|---|---|
| **Ailes** | Křídla |
| **Bénéfique** | Příznivý |
| **Cire** | Vosk |
| **Diversité** | Rozmanitost |
| **Essaim** | Roj |
| **Écosystème** | Ekosystém |
| **Fleur** | Květ |
| **Fleurs** | Květiny |
| **Fruit** | Ovoce |
| **Fumée** | Kouř |
| **Insecte** | Hmyz |
| **Jardin** | Zahrada |
| **Miel** | Med |
| **Nourriture** | Jídlo |
| **Plantes** | Rostliny |
| **Pollen** | Pyl |
| **Pollinisateur** | Opylovač |
| **Reine** | Královna |
| **Ruche** | Úl |
| **Soleil** | Slunce |

## Les Médias
### Médium

| | |
|---|---|
| **Attitudes** | Postoje |
| **Commercial** | Komerční |
| **Communication** | Komunikace |
| **En Ligne** | Online |
| **Édition** | Edice |
| **Éducation** | Vzdělávání |
| **Faits** | Fakta |
| **Financement** | Financování |
| **Individuel** | Jedinec |
| **Industrie** | Průmysl |
| **Intellectuel** | Intelektuální |
| **Journaux** | Noviny |
| **Local** | Místní |
| **Numérique** | Digitální |
| **Opinion** | Názor |
| **Photos** | Fotky |
| **Public** | Veřejný |
| **Radio** | Rádio |
| **Réseau** | Síť |
| **Télévision** | Televize |

## Légumes
### Zelenina

| | |
|---|---|
| **Ail** | Česnek |
| **Artichaut** | Artyčok |
| **Aubergine** | Lilek |
| **Brocoli** | Brokolice |
| **Carotte** | Mrkev |
| **Céleri** | Celer |
| **Champignon** | Houba |
| **Citrouille** | Dýně |
| **Concombre** | Okurka |
| **Échalote** | Šalotka |
| **Épinard** | Špenát |
| **Gingembre** | Zázvor |
| **Navet** | Tuřín |
| **Oignon** | Cibule |
| **Olive** | Oliva |
| **Persil** | Petržel |
| **Pois** | Hrášek |
| **Radis** | Ředkev |
| **Salade** | Salát |
| **Tomate** | Rajče |

## Littérature
### Literatura

| | |
|---|---|
| **Analogie** | Analogie |
| **Analyse** | Analýza |
| **Anecdote** | Anekdota |
| **Auteur** | Autor |
| **Biographie** | Životopis |
| **Comparaison** | Srovnání |
| **Conclusion** | Závěr |
| **Description** | Popis |
| **Dialogue** | Dialog |
| **Fiction** | Beletrie |
| **Métaphore** | Metafora |
| **Narrateur** | Vypravěč |
| **Poème** | Báseň |
| **Poétique** | Poetický |
| **Rime** | Rým |
| **Roman** | Román |
| **Rythme** | Rytmus |
| **Style** | Styl |
| **Thème** | Téma |
| **Tragédie** | Tragédie |

## Livres
### Knihy

| | |
|---|---|
| **Auteur** | Autor |
| **Aventure** | Dobrodružství |
| **Collection** | Sbírka |
| **Contexte** | Kontext |
| **Dualité** | Dualita |
| **Épique** | Epos |
| **Histoire** | Příběh |
| **Historique** | Historický |
| **Humoristique** | Vtipný |
| **Inventif** | Vynalézavý |
| **Lecteur** | Čtenář |
| **Littéraire** | Literární |
| **Narrateur** | Vypravěč |
| **Page** | Stránka |
| **Pertinent** | Relevantní |
| **Poème** | Báseň |
| **Poésie** | Poezie |
| **Roman** | Román |
| **Série** | Řada |
| **Tragique** | Tragický |

## Maison
### Dům

| | |
|---|---|
| **Balai** | Koště |
| **Bibliothèque** | Knihovna |
| **Cheminée** | Krb |
| **Clés** | Klíče |
| **Clôture** | Plot |
| **Cuisine** | Kuchyně |
| **Douche** | Sprcha |
| **Fenêtre** | Okno |
| **Garage** | Garáž |
| **Grenier** | Podkroví |
| **Jardin** | Zahrada |
| **Lampe** | Lampa |
| **Miroir** | Zrcadlo |
| **Mur** | Stěna |
| **Plafond** | Strop |
| **Porte** | Dveře |
| **Rideaux** | Závěsy |
| **Sous-Sol** | Suterén |
| **Tapis** | Koberec |
| **Toit** | Střecha |

## Maladie
### Choroba

| | |
|---|---|
| **Abdominal** | Břišní |
| **Aigu** | Akutní |
| **Allergies** | Alergie |
| **Chronique** | Chronický |
| **Contagieux** | Nakažlivý |
| **Corps** | Tělo |
| **Cœur** | Srdce |
| **Faible** | Slabý |
| **Génétique** | Genetický |
| **Héréditaire** | Dědičný |
| **Immunité** | Imunita |
| **Inflammation** | Zánět |
| **Lombaire** | Bederní |
| **Neuropathie** | Neuropatie |
| **Os** | Kosti |
| **Pulmonaire** | Plicní |
| **Respiratoire** | Respirační |
| **Santé** | Zdraví |
| **Syndrome** | Syndrom |
| **Thérapie** | Terapie |

## Mammifères
### Savci

| | |
|---|---|
| **Baleine** | Velryba |
| **Chat** | Kočka |
| **Cheval** | Kůň |
| **Chien** | Pes |
| **Coyote** | Kojot |
| **Dauphin** | Delfín |
| **Éléphant** | Slon |
| **Girafe** | Žirafa |
| **Gorille** | Gorila |
| **Kangourou** | Klokan |
| **Lapin** | Králík |
| **Lion** | Lev |
| **Loup** | Vlk |
| **Mouton** | Ovce |
| **Ours** | Medvěd |
| **Renard** | Liška |
| **Singe** | Opice |
| **Taureau** | Býk |
| **Tigre** | Tygr |
| **Zèbre** | Zebra |

## Mathématiques
### Matematika

| | |
|---|---|
| **Angles** | Úhly |
| **Arithmétique** | Aritmetický |
| **Carré** | Náměstí |
| **Circonférence** | Obvod |
| **Décimal** | Desetinný |
| **Diamètre** | Průměr |
| **Exposant** | Exponent |
| **Équation** | Rovnice |
| **Fraction** | Zlomek |
| **Géométrie** | Geometrie |
| **Parallèle** | Rovnoběžný |
| **Parallélogramme** | Rovnoběžník |
| **Perpendiculaire** | Kolmý |
| **Polygone** | Polygon |
| **Rayon** | Poloměr |
| **Rectangle** | Obdélník |
| **Somme** | Součet |
| **Symétrie** | Symetrie |
| **Triangle** | Trojúhelník |
| **Volume** | Objem |

## Mesures
### Měření

| | |
|---|---|
| **Centimètre** | Centimetr |
| **Degré** | Stupeň |
| **Décimal** | Desetinný |
| **Gramme** | Gram |
| **Hauteur** | Výška |
| **Kilogramme** | Kilogram |
| **Kilomètre** | Kilometr |
| **Largeur** | Šířka |
| **Litre** | Litr |
| **Longueur** | Délka |
| **Mètre** | Metr |
| **Minute** | Minuta |
| **Octet** | Bajt |
| **Once** | Unce |
| **Pinte** | Pinta |
| **Poids** | Hmotnost |
| **Pouce** | Palec |
| **Profondeur** | Hloubka |
| **Tonne** | Tón |
| **Volume** | Objem |

## Méditation
### Rozjímání

| | |
|---|---|
| **Acceptation** | Přijetí |
| **Attention** | Pozornost |
| **Calme** | Uklidnit |
| **Clarté** | Jasnost |
| **Compassion** | Soucit |
| **Esprit** | Mysl |
| **Émotions** | Emoce |
| **Éveillé** | Probudit |
| **Gentillesse** | Laskavost |
| **Gratitude** | Vděčnost |
| **Habitudes** | Zvyky |
| **Mental** | Duševní |
| **Mouvement** | Hnutí |
| **Musique** | Hudba |
| **Nature** | Příroda |
| **Observation** | Pozorování |
| **Paix** | Mír |
| **Perspective** | Perspektiva |
| **Respiration** | Dýchání |
| **Silence** | Umlčet |

## Mode
### Módní

| | |
|---|---|
| **Boutique** | Butik |
| **Boutons** | Tlačítka |
| **Broderie** | Výšivka |
| **Cher** | Drahý |
| **Confortable** | Pohodlný |
| **Dentelle** | Krajka |
| **Élégant** | Elegantní |
| **Mesures** | Měření |
| **Moderne** | Moderní |
| **Modeste** | Skromný |
| **Modèle** | Vzor |
| **Original** | Původní |
| **Pratique** | Praktický |
| **Simple** | Jednoduchý |
| **Sophistiqué** | Sofistikovaný |
| **Style** | Styl |
| **Tendance** | Trend |
| **Texture** | Textura |
| **Tissu** | Tkanina |
| **Vêtements** | Oblečení |

## Musique
### Hudba

| | |
|---|---|
| **Album** | Album |
| **Ballade** | Balada |
| **Chanter** | Zpívat |
| **Chanteur** | Zpěvák |
| **Classique** | Klasický |
| **Enregistrement** | Nahrávka |
| **Harmonie** | Harmonie |
| **Harmonique** | Harmonický |
| **Instrument** | Nástroj |
| **Lyrique** | Lyrický |
| **Mélodie** | Melodie |
| **Microphone** | Mikrofon |
| **Musical** | Hudební |
| **Musicien** | Hudebník |
| **Opéra** | Opera |
| **Poétique** | Poetický |
| **Rythme** | Rytmus |
| **Rythmique** | Rytmický |
| **Tempo** | Tempo |
| **Vocal** | Hlasový |

## Mythologie
### Mytologie

| | |
|---|---|
| **Archétype** | Archetyp |
| **Catastrophe** | Katastrofa |
| **Comportement** | Chování |
| **Création** | Vytvoření |
| **Créature** | Stvoření |
| **Croyances** | Přesvědčení |
| **Culture** | Kultura |
| **Éclair** | Blesk |
| **Force** | Síla |
| **Guerrier** | Bojovník |
| **Héros** | Hrdina |
| **Immortalité** | Nesmrtelnost |
| **Jalousie** | Žárlivost |
| **Labyrinthe** | Labyrint |
| **Légende** | Legenda |
| **Magique** | Magický |
| **Monstre** | Příšera |
| **Mortel** | Smrtelný |
| **Tonnerre** | Hrom |
| **Vengeance** | Pomsta |

## Nature
### Příroda

| | |
|---|---|
| **Abeilles** | Včely |
| **Abri** | Útočiště |
| **Animaux** | Zvířata |
| **Arctique** | Arktický |
| **Beauté** | Krása |
| **Brouillard** | Mlha |
| **Désert** | Poušť |
| **Dynamique** | Dynamický |
| **Érosion** | Eroze |
| **Feuillage** | List |
| **Fleuve** | Řeka |
| **Forêt** | Les |
| **Glacier** | Ledovec |
| **Montagnes** | Hory |
| **Nuage** | Mraky |
| **Sanctuaire** | Svatyně |
| **Sauvage** | Divoký |
| **Serein** | Klidný |
| **Tropical** | Tropický |
| **Vital** | Vitální |

## Nombres
### Čísla

| | |
|---|---|
| **Cinq** | Pět |
| **Deux** | Dva |
| **Décimal** | Desetinný |
| **Dix** | Deset |
| **Dix-Huit** | Osmnáct |
| **Dix-Neuf** | Devatenáct |
| **Dix-Sept** | Sedmnáct |
| **Douze** | Dvanáct |
| **Huit** | Osm |
| **Neuf** | Devět |
| **Quatorze** | Čtrnáct |
| **Quatre** | Čtyři |
| **Quinze** | Patnáct |
| **Seize** | Šestnáct |
| **Sept** | Sedm |
| **Six** | Šest |
| **Treize** | Třináct |
| **Trois** | Tři |
| **Vingt** | Dvacet |
| **Zéro** | Nula |

## Nourriture #1
### Potraviny #1

| | |
|---|---|
| **Ail** | Česnek |
| **Basilic** | Bazalka |
| **Café** | Káva |
| **Cannelle** | Skořice |
| **Carotte** | Mrkev |
| **Citron** | Citron |
| **Épinard** | Špenát |
| **Fraise** | Jahoda |
| **Jus** | Šťáva |
| **Lait** | Mléko |
| **Navet** | Tuřín |
| **Oignon** | Cibule |
| **Orge** | Ječmen |
| **Poire** | Hruška |
| **Salade** | Salát |
| **Sel** | Sůl |
| **Soupe** | Polévka |
| **Sucre** | Cukr |
| **Thon** | Tuňák |
| **Viande** | Maso |

## Nourriture #2
### Potraviny #2

| | |
|---|---|
| **Amande** | Mandle |
| **Aubergine** | Lilek |
| **Banane** | Banán |
| **Blé** | Pšenice |
| **Brocoli** | Brokolice |
| **Cerise** | Třešeň |
| **Céleri** | Celer |
| **Champignon** | Houba |
| **Chocolat** | Čokoláda |
| **Jambon** | Šunka |
| **Kiwi** | Kiwi |
| **Mangue** | Mango |
| **Oeuf** | Vejce |
| **Pain** | Chléb |
| **Poisson** | Ryba |
| **Pomme** | Jablko |
| **Poulet** | Kuře |
| **Raisin** | Hrozen |
| **Riz** | Rýže |
| **Tomate** | Rajče |

## Nutrition
### Výživa

| | |
|---|---|
| Amer | Horký |
| Appétit | Chuť |
| Calories | Kalorie |
| Comestible | Jedlý |
| Diète | Strava |
| Digestion | Trávení |
| Épices | Koření |
| Équilibré | Vyvážený |
| Fermentation | Kvašení |
| Glucides | Sacharid |
| Liquides | Kapaliny |
| Poids | Hmotnost |
| Protéines | Proteiny |
| Qualité | Kvalita |
| Sain | Zdravý |
| Santé | Zdraví |
| Sauce | Omáčka |
| Saveur | Příchuť |
| Toxine | Toxin |
| Vitamine | Vitamín |

## Océan
### Oceán

| | |
|---|---|
| Anguille | Úhoř |
| Baleine | Velryba |
| Bateau | Loď |
| Corail | Korál |
| Crabe | Krab |
| Crevette | Kreveta |
| Dauphin | Delfín |
| Éponge | Houba |
| Huître | Ústřice |
| Marées | Přílivy |
| Méduse | Medúza |
| Poisson | Ryba |
| Poulpe | Chobotnice |
| Requin | Žralok |
| Récif | Útes |
| Sel | Sůl |
| Tempête | Bouře |
| Thon | Tuňák |
| Tortue | Želva |
| Vagues | Vlny |

## Oiseaux
### Ptactvo

| | |
|---|---|
| Aigle | Orel |
| Autruche | Pštros |
| Canard | Kachna |
| Cigogne | Čáp |
| Colombe | Holubice |
| Corbeau | Vrána |
| Coucou | Kukačka |
| Cygne | Labuť |
| Héron | Volavka |
| Manchot | Tučňák |
| Moineau | Vrabec |
| Mouette | Racek |
| Oeuf | Vejce |
| Oie | Husa |
| Paon | Páv |
| Perroquet | Papoušek |
| Pélican | Pelikán |
| Pigeon | Holub |
| Poulet | Kuře |
| Toucan | Tukan |

## Pays #1
### Země #1

| | |
|---|---|
| Afghanistan | Afghánistán |
| Allemagne | Německo |
| Argentine | Argentina |
| Brésil | Brazílie |
| Canada | Kanada |
| Espagne | Španělsko |
| Équateur | Ekvádor |
| Finlande | Finsko |
| Inde | Indie |
| Israël | Izrael |
| Libye | Libye |
| Mali | Mali |
| Maroc | Maroko |
| Nicaragua | Nikaragua |
| Norvège | Norsko |
| Panama | Panama |
| Philippines | Filipíny |
| Pologne | Polsko |
| Roumanie | Rumunsko |
| Venezuela | Venezuela |

## Pays #2
### Země #2

| | |
|---|---|
| Albanie | Albánie |
| Chine | Čína |
| Danemark | Dánsko |
| France | Francie |
| Haïti | Haiti |
| Indonésie | Indonésie |
| Irlande | Irsko |
| Jamaïque | Jamajka |
| Japon | Japonsko |
| Kenya | Keňa |
| Laos | Laos |
| Liban | Libanon |
| Mexique | Mexiko |
| Ouganda | Uganda |
| Pakistan | Pákistán |
| Russie | Rusko |
| Somalie | Somálsko |
| Soudan | Súdán |
| Syrie | Sýrie |
| Ukraine | Ukrajina |

## Paysages
### Krajiny

| | |
|---|---|
| Cascade | Vodopád |
| Colline | Kopec |
| Désert | Poušť |
| Estuaire | Ústí |
| Fleuve | Řeka |
| Geyser | Gejzír |
| Grotte | Jeskyně |
| Iceberg | Ledovec |
| Île | Ostrov |
| Lac | Jezero |
| Marais | Bažina |
| Mer | Moře |
| Montagne | Hora |
| Oasis | Oáza |
| Océan | Oceán |
| Péninsule | Poloostrov |
| Plage | Pláž |
| Toundra | Tundra |
| Vallée | Údolí |
| Volcan | Sopka |

## Philanthropie
### Filantropie

| | |
|---|---|
| **Besoin** | Potřeba |
| **Buts** | Cíle |
| **Charité** | Charita |
| **Communauté** | Společenství |
| **Contacts** | Kontakty |
| **Défis** | Výzvy |
| **Enfants** | Děti |
| **Finance** | Finance |
| **Fonds** | Fondy |
| **Gens** | Lidé |
| **Générosité** | Štědrost |
| **Global** | Globální |
| **Groupes** | Skupiny |
| **Histoire** | Historie |
| **Honnêteté** | Poctivost |
| **Humanité** | Lidstvo |
| **Jeunesse** | Mládí |
| **Mission** | Mise |
| **Programmes** | Programy |
| **Public** | Veřejný |

## Photographie
### Fotografování

| | |
|---|---|
| **Adoucir** | Změkčit |
| **Cadre** | Rám |
| **Caméra** | Fotoaparát |
| **Composition** | Složení |
| **Contraste** | Kontrast |
| **Couleur** | Barva |
| **Définition** | Definice |
| **Exposition** | Výstava |
| **Éclairage** | Osvětlení |
| **Format** | Formát |
| **Noir** | Černá |
| **Objet** | Objekt |
| **Obscurité** | Tma |
| **Ombre** | Stíny |
| **Perspective** | Perspektiva |
| **Portrait** | Portrét |
| **Sujet** | Předmět |
| **Texture** | Textura |
| **Visuel** | Vizuální |
| **Vue** | Pohled |

## Physique
### Fyzika

| | |
|---|---|
| **Accélération** | Zrychlení |
| **Atome** | Atom |
| **Chaos** | Chaos |
| **Chimique** | Chemický |
| **Densité** | Hustota |
| **Électron** | Elektron |
| **Formule** | Vzorec |
| **Fréquence** | Frekvence |
| **Gaz** | Plyn |
| **Gravité** | Gravitace |
| **Magnétisme** | Magnetismus |
| **Masse** | Hmotnost |
| **Mécanique** | Mechanika |
| **Molécule** | Molekula |
| **Moteur** | Motor |
| **Nucléaire** | Jaderný |
| **Particule** | Částice |
| **Relativité** | Relativita |
| **Universel** | Univerzální |
| **Vitesse** | Rychlosl |

## Plantes
### Rostliny

| | |
|---|---|
| **Arbre** | Strom |
| **Baie** | Bobule |
| **Bambou** | Bambus |
| **Botanique** | Botanika |
| **Buisson** | Keř |
| **Cactus** | Kaktus |
| **Engrais** | Hnojivo |
| **Feuillage** | List |
| **Fleur** | Květina |
| **Flore** | Flóra |
| **Forêt** | Les |
| **Grandir** | Růst |
| **Haricot** | Fazole |
| **Herbe** | Tráva |
| **Jardin** | Zahrada |
| **Lierre** | Břečťan |
| **Mousse** | Mech |
| **Racine** | Kořen |
| **Tige** | Stonek |
| **Végétation** | Vegetace |

## Professions #1
### Profese #1

| | |
|---|---|
| **Ambassadeur** | Velvyslanec |
| **Astronome** | Astronom |
| **Avocat** | Advokát |
| **Banquier** | Bankéř |
| **Bijoutier** | Klenotník |
| **Cartographe** | Kartograf |
| **Chasseur** | Lovec |
| **Danseur** | Tanečník |
| **Entraîneur** | Trenér |
| **Éditeur** | Editor |
| **Géologue** | Geolog |
| **Infirmière** | Sestra |
| **Médecin** | Lékař |
| **Musicien** | Hudebník |
| **Pianiste** | Pianista |
| **Plombier** | Instalatér |
| **Pompier** | Hasič |
| **Psychologue** | Psycholog |
| **Scientifique** | Vědec |
| **Vétérinaire** | Veterinář |

## Professions #2
### Profese #2

| | |
|---|---|
| **Astronaute** | Astronaut |
| **Bibliothécaire** | Knihovník |
| **Biologiste** | Biolog |
| **Chercheur** | Výzkumník |
| **Chirurgien** | Chirurg |
| **Dentiste** | Zubař |
| **Détective** | Detektiv |
| **Enseignant** | Učitel |
| **Illustrateur** | Ilustrátor |
| **Ingénieur** | Inženýr |
| **Inventeur** | Vynálezce |
| **Jardinier** | Zahradník |
| **Journaliste** | Novinář |
| **Linguiste** | Lingvista |
| **Médecin** | Lékař |
| **Peintre** | Malíř |
| **Philosophe** | Filozof |
| **Photographe** | Fotograf |
| **Pilote** | Pilot |
| **Zoologiste** | Zoolog |

### Psychologie
Psychologie

| | |
|---|---|
| Clinique | Klinický |
| Comportement | Chování |
| Conflit | Konflikt |
| Ego | Ego |
| Enfance | Dětství |
| Expériences | Zkušenosti |
| Émotions | Emoce |
| Évaluation | Posouzení |
| Idées | Nápady |
| Inconscient | Nevědomý |
| Pensées | Myšlenky |
| Perception | Vnímání |
| Personnalité | Osobnost |
| Problème | Problém |
| Rendez-Vous | Jmenování |
| Réalité | Realita |
| Rêves | Sny |
| Sensation | Pocit |
| Subconscient | Podvědomý |
| Thérapie | Terapie |

### Randonnée
Pěší Turistika

| | |
|---|---|
| Animaux | Zvířata |
| Bottes | Boty |
| Camping | Kempování |
| Carte | Mapa |
| Climat | Klima |
| Eau | Voda |
| Falaise | Útes |
| Fatigué | Unavený |
| Guides | Průvodce |
| Lourd | Těžký |
| Météo | Počasí |
| Montagne | Hora |
| Nature | Příroda |
| Orientation | Orientace |
| Parcs | Parky |
| Pierres | Kameny |
| Préparation | Příprava |
| Sauvage | Divoký |
| Soleil | Slunce |
| Sommet | Summit |

### Remplir
K Vyplnění

| | |
|---|---|
| Baril | Barel |
| Bassin | Povodí |
| Boîte | Krabice |
| Bouteille | Láhev |
| Caisse | Bedna |
| Carton | Karton |
| Dossier | Složka |
| Enveloppe | Obálka |
| Navire | Plavidlo |
| Panier | Košík |
| Paquet | Balíček |
| Plateau | Zásobník |
| Poche | Kapsa |
| Pot | Sklenice |
| Sac | Taška |
| Seau | Kbelík |
| Tiroir | Šuplík |
| Tube | Trubka |
| Valise | Kufr |
| Vase | Váza |

### Restaurant #2
Restaurace #2

| | |
|---|---|
| Boisson | Nápoj |
| Chaise | Židle |
| Cuillère | Lžíce |
| Déjeuner | Oběd |
| Délicieux | Lahodné |
| Dîner | Večeře |
| Eau | Voda |
| Épices | Koření |
| Fourchette | Vidlička |
| Fruit | Ovoce |
| Gâteau | Dort |
| Glace | Led |
| Légumes | Zelenina |
| Nouilles | Nudle |
| Oeuf | Vejce |
| Poisson | Ryba |
| Salade | Salát |
| Sel | Sůl |
| Serveur | Číšník |
| Soupe | Polévka |

### Réchauffement Climatique
Globální Oteplování

| | |
|---|---|
| Arctique | Arktický |
| Attention | Pozornost |
| Climat | Klima |
| Conséquences | Důsledky |
| Crise | Krize |
| Développement | Rozvoj |
| Données | Data |
| Énergie | Energie |
| Futur | Budoucnost |
| Gaz | Plyn |
| Générations | Generace |
| Gouvernement | Vláda |
| Habitats | Stanoviště |
| Industrie | Průmysl |
| International | Mezinárodní |
| Législation | Legislativa |
| Maintenant | Teď |
| Populations | Populace |
| Scientifique | Vědec |
| Températures | Teploty |

### Santé et Bien-Être #1
Zdraví a Wellness #1

| | |
|---|---|
| Actif | Aktivní |
| Bactéries | Bakterie |
| Blessure | Zranění |
| Clinique | Klinika |
| Faim | Hlad |
| Fracture | Zlomenina |
| Habitude | Zvyk |
| Hauteur | Výška |
| Hormone | Hormony |
| Médecin | Lékař |
| Médicament | Lék |
| Muscles | Svaly |
| Os | Kosti |
| Peau | Kůže |
| Pharmacie | Lékárna |
| Relaxation | Relaxace |
| Réflexe | Reflex |
| Thérapie | Terapie |
| Traitement | Léčba |
| Virus | Virus |

## Santé et Bien-Être #2
### Zdraví a Wellness #2

| | |
|---|---|
| **Allergie** | Alergie |
| **Anatomie** | Anatomie |
| **Appétit** | Chuť |
| **Calorie** | Kalorie |
| **Corps** | Tělo |
| **Déshydratation** | Dehydratace |
| **Énergie** | Energie |
| **Génétique** | Genetika |
| **Hôpital** | Nemocnice |
| **Hygiène** | Hygiena |
| **Infection** | Infekce |
| **Maladie** | Nemoc |
| **Massage** | Masáž |
| **Nutrition** | Výživa |
| **Poids** | Hmotnost |
| **Récupération** | Zotavení |
| **Sain** | Zdravý |
| **Sang** | Krev |
| **Stress** | Stres |
| **Vitamine** | Vitamín |

## Science
### Věda

| | |
|---|---|
| **Atome** | Atom |
| **Chimique** | Chemický |
| **Climat** | Klima |
| **Données** | Data |
| **Expérience** | Experiment |
| **Évolution** | Vývoj |
| **Fait** | Skutečnost |
| **Fossile** | Fosilie |
| **Gravité** | Gravitace |
| **Hypothèse** | Hypotéza |
| **Laboratoire** | Laboratoř |
| **Méthode** | Metoda |
| **Minéraux** | Minerály |
| **Molécules** | Molekuly |
| **Nature** | Příroda |
| **Observation** | Pozorování |
| **Organisme** | Organismus |
| **Particules** | Částice |
| **Physique** | Fyzika |
| **Scientifique** | Vědec |

## Science-Fiction
### Science Fiction

| | |
|---|---|
| **Atomique** | Atomový |
| **Cinéma** | Kino |
| **Explosion** | Výbuch |
| **Extrême** | Extrémní |
| **Fantastique** | Fantastický |
| **Feu** | Oheň |
| **Futuriste** | Futuristický |
| **Galaxie** | Galaxie |
| **Illusion** | Iluze |
| **Imaginaire** | Imaginární |
| **Livres** | Knihy |
| **Monde** | Svět |
| **Mystérieux** | Tajemný |
| **Oracle** | Věštec |
| **Planète** | Planeta |
| **Réaliste** | Realistický |
| **Robots** | Roboty |
| **Scénario** | Scénář |
| **Technologie** | Technologie |
| **Utopie** | Utopie |

## Temps
### Čas

| | |
|---|---|
| **Année** | Rok |
| **Annuel** | Roční |
| **Après** | Po |
| **Avant** | Před |
| **Bientôt** | Brzy |
| **Calendrier** | Kalendář |
| **Décennie** | Desetiletí |
| **Futur** | Budoucnost |
| **Heure** | Hodina |
| **Hier** | Včera |
| **Horloge** | Hodiny |
| **Jour** | Den |
| **Maintenant** | Teď |
| **Matin** | Ráno |
| **Midi** | Poledne |
| **Minute** | Minuta |
| **Mois** | Měsíc |
| **Nuit** | Noc |
| **Semaine** | Týden |
| **Siècle** | Století |

## Types de Cheveux
### Typy Vlasů

| | |
|---|---|
| **Argent** | Stříbro |
| **Blanc** | Bílý |
| **Blond** | Blond |
| **Boucles** | Kadeř |
| **Brillant** | Lesklý |
| **Chauve** | Plešatý |
| **Coloré** | Barevný |
| **Court** | Krátký |
| **Doux** | Měkký |
| **Épais** | Tlustý |
| **Frisé** | Kudrnatý |
| **Gris** | Šedá |
| **Long** | Dlouhý |
| **Marron** | Hnědý |
| **Mince** | Tenký |
| **Noir** | Černá |
| **Ondulé** | Vlnitý |
| **Sain** | Zdravý |
| **Sec** | Suchý |
| **Tressé** | Pletené |

## Univers
### Vesmír

| | |
|---|---|
| **Astéroïde** | Asteroid |
| **Astronome** | Astronom |
| **Astronomie** | Astronomie |
| **Atmosphère** | Atmosféra |
| **Céleste** | Nebeský |
| **Ciel** | Nebe |
| **Cosmique** | Vesmírný |
| **Équateur** | Rovník |
| **Galaxie** | Galaxie |
| **Hémisphère** | Polokoule |
| **Horizon** | Horizont |
| **Inclinaison** | Náklon |
| **Lune** | Měsíc |
| **Obscurité** | Tma |
| **Orbite** | Obíhat |
| **Solaire** | Solární |
| **Solstice** | Slunovrat |
| **Télescope** | Dalekohled |
| **Visible** | Viditelný |
| **Zodiaque** | Zvěrokruh |

## Vacances #2
### Dovolená #2

| | |
|---|---|
| Aéroport | Letiště |
| Camping | Kempování |
| Carte | Mapa |
| Destination | Destinace |
| Étranger | Cizinec |
| Hôtel | Hotel |
| Île | Ostrov |
| Loisir | Volný Čas |
| Mer | Moře |
| Passeport | Cestovní Pas |
| Plage | Pláž |
| Restaurant | Restaurace |
| Réservations | Rezervace |
| Taxi | Taxi |
| Tente | Stan |
| Train | Vlak |
| Transport | Doprava |
| Vacances | Dovolená |
| Visa | Vízum |
| Voyage | Cesta |

## Véhicules
### Životnost

| | |
|---|---|
| Ambulance | Sanitka |
| Avion | Letadlo |
| Bateau | Loď |
| Bus | Autobus |
| Camion | Náklaďák |
| Caravane | Karavana |
| Ferry | Trajekt |
| Fusée | Raketa |
| Hélicoptère | Vrtulník |
| Métro | Metro |
| Moteur | Motor |
| Pneus | Pneumatiky |
| Radeau | Vor |
| Scooter | Koloběžka |
| Sous-Marin | Ponorka |
| Taxi | Taxi |
| Tracteur | Traktor |
| Train | Vlak |
| Vélo | Jízdní Kolo |
| Voiture | Auto |

## Vêtements
### Oblečení

| | |
|---|---|
| Bracelet | Náramek |
| Ceinture | Pás |
| Chapeau | Klobouk |
| Chaussure | Bota |
| Chemise | Košile |
| Chemisier | Halenka |
| Collier | Náhrdelník |
| Foulard | Šátek |
| Gants | Rukavice |
| Jeans | Džíny |
| Jupe | Sukně |
| Manteau | Kabát |
| Mode | Móda |
| Pantalon | Kalhoty |
| Pull | Svetr |
| Pyjama | Pyžamo |
| Robe | Šaty |
| Sandales | Sandály |
| Tablier | Zástěra |
| Veste | Bunda |

## Ville
### Městské

| | |
|---|---|
| Aéroport | Letiště |
| Banque | Banka |
| Bibliothèque | Knihovna |
| Boulangerie | Pekárna |
| Cinéma | Kino |
| Clinique | Klinika |
| École | Škola |
| Fleuriste | Květinář |
| Galerie | Galerie |
| Hôtel | Hotel |
| Librairie | Knihkupectví |
| Marché | Trh |
| Musée | Muzeum |
| Pharmacie | Lékárna |
| Restaurant | Restaurace |
| Stade | Stadión |
| Supermarché | Supermarket |
| Théâtre | Divadlo |
| Université | Univerzita |
| Zoo | Zoo |

# Félicitations

**Vous avez réussi !**

Nous espérons que vous avez apprécié ce livre autant que nous avons pris plaisir à le concevoir. Nous faisons de notre mieux pour créer des livres de la meilleure qualité possible.
Cette édition est conçue pour permettre un apprentissage intelligent et de qualité en se divertissant !

Vous avez aimé ce livre ?

-------

Une Simple Demande

Nos livres existent grâce aux avis que vous publiez. Pourriez-vous nous aider en laissant un avis maintenant ?

Voici un lien rapide qui vous mènera à votre page d'évaluation de vos commandes :

BestBooksActivity.com/Avis50

# CHALLENGE FINAL !

## Défi n°1

Êtes-vous prêt pour votre jeu bonus ? Nous les utilisons tout le temps mais ils ne sont pas si faciles à trouver. Voici les **Synonymes** !

Notez 5 mots que vous avez trouvés dans les puzzles notés ci-dessous (n°21, n°36, n°76) et essayez de trouver 2 synonymes pour chaque mot.

### Notez 5 Mots du **Puzzle 21**

| Mots | Synonyme 1 | Synonyme 2 |
|------|------------|------------|
|      |            |            |
|      |            |            |
|      |            |            |
|      |            |            |
|      |            |            |

### Notez 5 Mots du **Puzzle 36**

| Mots | Synonyme 1 | Synonyme 2 |
|------|------------|------------|
|      |            |            |
|      |            |            |
|      |            |            |
|      |            |            |
|      |            |            |

### Notez 5 Mots du **Puzzle 76**

| Mots | Synonyme 1 | Synonyme 2 |
|------|------------|------------|
|      |            |            |
|      |            |            |
|      |            |            |
|      |            |            |
|      |            |            |

# Défi n°2

Maintenant que vous vous êtes échauffé, notez 5 mots que vous avez découverts dans les Puzzles n° 9, n° 17, n° 25 et essayez de trouver 2 antonymes pour chaque mot. Combien pouvez-vous en trouver en 20 minutes ?

*Notez 5 Mots du* **Puzzle 9**

| Mots | Antonyme 1 | Antonyme 2 |
|------|------------|------------|
|      |            |            |
|      |            |            |
|      |            |            |
|      |            |            |
|      |            |            |

*Notez 5 Mots du* **Puzzle 17**

| Mots | Antonyme 1 | Antonyme 2 |
|------|------------|------------|
|      |            |            |
|      |            |            |
|      |            |            |
|      |            |            |
|      |            |            |

*Notez 5 Mots du* **Puzzle 25**

| Mots | Antonyme 1 | Antonyme 2 |
|------|------------|------------|
|      |            |            |
|      |            |            |
|      |            |            |
|      |            |            |
|      |            |            |

# Défi n°3

Formidable ! Ce défi final n'est rien pour vous.

Prêt pour le dernier défi ? Choisissez 10 mots que vous avez découverts parmi les différents puzzles et notez-les ci-dessous.

| | |
|---|---|
| 1. | 6. |
| 2. | 7. |
| 3. | 8. |
| 4. | 9. |
| 5. | 10. |

Maintenant, composez un texte en pensant à une personne, un animal ou un lieu que vous aimez !

Astuce: Vous pouvez utiliser la dernière page de ce livre comme brouillon !

## Votre Composition :

# CARNET DE NOTES :

# À TRÈS BIENTÔT !

*Toute l'équipe*

DECOUVREZ DES JEUX GRATUITS

GO

BESTACTIVITYBOOKS.COM/FREEGAMES

www.ingramcontent.com/pod-product-compliance
Lightning Source LLC
Chambersburg PA
CBHW082210120626
46553CB00010B/3083